Anonymous

Die Weiterentwicklung der drei preussischen Regulative

vom 1., 2., und 3. Oktober 1854

Anonymous

Die Weiterentwicklung der drei preussischen Regulative
vom 1., 2., und 3. Oktober 1854

ISBN/EAN: 9783743380189

Hergestellt in Europa, USA, Kanada, Australien, Japan

Cover: Foto ©ninafisch / pixelio.de

Manufactured and distributed by brebook publishing software
(www.brebook.com)

Anonymous

Die Weiterentwicklung der drei preussischen Regulative

Die Weiterentwickelung

der

drei Preußischen Regulative

vom 1., 2. und 3. October 1854.

Abdruck
der betreffenden Ministerial-Erlasse aus dem Centralblatt für die
gesammte Unterrichts-Verwaltung in Preußen.

Mit einem Vorwort

von

F. Stiehl,

Königl. Geh. Ober-Regierungs- und vortragendem Rath in dem Ministerium
der geistlichen, Unterrichts- und Medicinal-Angelegenheiten.

Berlin, 1861.
Verlag von Wilhelm Hertz.
(Besser'sche Buchhandlung.)
Behrenstraße 7.

Vorwort.

—

Die drei Preußischen Regulative wurden bei ihrem Erscheinen von dem damaligen Minister der Unterrichts-Angelegen-
heiten den Behörden zur Ausführung, d. h. zur Einrichtung,
nöthigenfalls Umgestaltung der betreffenden Unterrichtsgebiete
nach Maaßgabe der in den Regulativen zusammengestellten
Grundsätze und Anforderungen überwiesen.

Zugleich wurden sie durch den Druck der allgemeinsten
Publicität übergeben, theils um das öffentliche Bewußtsein
über die getroffenen Maaßnahmen zu orientiren und für dieselben zu interessiren, theils um durch die zu erwartende Kritik
für weitere Schritte Belehrung zu erlangen.

Auf beiden Wegen fand die Angelegenheit die beabsich-
tigte Entwickelung.

Sie betrat einen dritten Weg, als der im Jahre 1854
und 1855 tagenden zweiten Kammer Anträge auf Beseitigung
der Regulative vorgelegt wurden. Die hierauf von deren
Unterrichtscommission erstatteten, aber nicht zur Berathung im
Plenum gelangten Berichte erklärten die in den Regulativen
niedergelegten Principien und Grundsätze für die richtigen,
vertraten aber auch in Uebereinstimmung mit der Staatsregierung die Ansicht, daß die Regulative in ihren Einzel-
Anweisungen und Ausführungen nicht etwas Fertiges und
Abgeschlossenes seien.

Der Fortgang der Angelegenheit bis dahin, mit dem
besondern Zweck, nachzuweisen, daß die Regulative nicht als
etwas Neues und Willkürliches in die Entwickelung des Preußischen Unterrichtswesens eingetreten sind, sondern in orga-
nischem Zusammenhang mit dessen Geschichte und Tradition
ständen, ist dargelegt in der Schrift: „Actenstücke zur Geschichte
und zum Verständniß der drei Preußischen Regulative 2c. von
F. Stiehl. Berlin, 1855."

Von da ab bis zum Jahre 1859 sind die Regulative von den Provinzialbehörden in den einzelnen Unterrichtsanstalten nach Möglichkeit ausgeführt worden, ohne daß seitens der obersten Unterrichtsbehörde in diese Entwicklung irgend maaßgebend eingegriffen worden wäre.

In diesem und dem folgenden Jahre trat eine umfassende und energische Behandlung der Frage des Volksunterrichts und der Volkserziehung und der Stellung der Regulative zu denselben in den Häusern des Landtages ein.

Die hierauf bezüglichen Verhandlungen, namentlich soweit sie die Stellung der Staatsregierung zu der Sache betreffen, sind sämmtlich in den Jahrgängen 1859 und 1860 des Centralblatts für die gesammte Unterrichtsverwaltung in Preußen zur allgemeinsten Kenntniß gebracht worden. Zugleich sind hier diejenigen Verfügungen der Provinzialbehörden und diejenigen Verhandlungen des Landtages abgedruckt, welche für die Ausführung der Regulative allgemeine didactische und pädagogische Momente zur Sprache bringen.

Der gegenwärtige Unterrichts-Minister hat von dem von ihm seit Anfang zur Sache eingenommenen Standpunct aus, daß die in den Regulativen niedergelegten Principien die der Gesammtentwickelung des Preußischen Volksschulwesens entsprechenden, die richtigen und aufrecht zu halten seien, daß die Regulative selbst aber in ihren speciellen und didactischen Anweisungen nichts Abschließendes haben geben wollen, sondern der Weiterbildung bedürftig und fähig seien, unter dem 19. November 1859 und unter dem 16. Februar 1861 diese Weiterbildung, soweit sie nach den vorhandenen Zuständen zulässig und ausführbar, angeordnet.

Diese beiden Erlasse, von denen der erstere vornehmlich das Seminarwesen, der letztere die Elementarschule und die Präparandenbildung betrifft, bilden mit der dazu gehörigen Denkschrift eine wesentliche Ergänzung der drei Regulative, und ist dieß sowie ihre Bedeutung für Didactik, Methodik und Geschichte des Volksschulwesens die Veranlassung, daß dieselben hiermit durch den Druck allgemein zugänglich gemacht werden.

Berlin, im März 1861.

Stiehl.

I.

Circular-Verfügung vom 19. November 1859.

In der Sitzung am 9. Mai d. J. hat das Haus der Abgeord=
neten beschlossen, die Petitionen des Lehrers Mann in Heiligenbeil
und des bäuerlichen Besitzers Pelz und Genossen in Pr. Holland,
betreffend Abänderung der Grundzüge vom 3. October 1854 über
Einrichtung und Unterricht der evangelischen einklassigen Elementar=
schule, der Staats-Regierung zu überweisen und dabei die Erwartung
auszusprechen, daß dieselbe die seit Erlaß des Regulativs vom 3. Octbr.
1854 im Lande vielfach hervorgetretenen Klagen über die Ueberlastung
der Elementarschule mit zu viel religiösem Memorirstoff in Erwägung
ziehen und das Geeignete zur Hebung dieser Klagen veranlassen werde.

In dem betreffenden Bericht der Unterrichts-Commission des
Abgeordnetenhauses war dabei die Frage über die principielle Be=
deutung der drei Preußischen Regulative vom 1., 2. u. 3. October
1854 in Betracht gezogen, und ist dem gegenüber die principielle Stel=
lung der Regierung zur Sache in den stattgefundenen Sitzungen aus=
führlich dargelegt worden (Centralblatt für die gesammte Unterrichts=
Verwaltung in Preußen 1859. Nr. 86 pag. 276—298).

Als deren Hauptpunkte sind anzusehen:

1) Würden die Regulative in irgend einer Weise außer Kraft
   gesetzt, so wäre dies einer der schwersten Schläge, welche das
   Schulwesen treffen könnten, weil es einer Preisgebung der
   heilsamsten Principien gleichkommen würde.

2) Wenn die erhobenen Klagen begründet wären, so könnten
   dieselben sich nicht sowohl gegen die Regulative richten, als
   gegen eine verkehrte, irrthümliche oder versäumende Ausle=
   gung der Regulative an den betreffenden Orten.

3) Die Regulative sind kein mechanisirendes, die Entwickelung des
   Individuums und des Unterrichts bis in das Detail einengendes
   Instrument; sondern sie enthalten Principien, auf denen eine
   gesunde Volksbildung weiter ausgestaltet, und hinsichtlich deren
   irrthümliche und mißverstandene Ausführung seitens der Regie=
   rung überwacht und in die richtigen Gränzen zurückgeführt
   werden soll.

Ich habe es mir angelegen sein lassen, in der verflossenen Zeit
mir von jeder zugänglichen und zuverlässigen Seite Einsicht in die
Lage der Sache zu verschaffen, und erst, nachdem es mir möglich
geworden, persönlich von evangelischen Schullehrer-Seminarien und

Elementarschulen, welche auf das Genaueste nach Maaßgabe der Regulative eingerichtet sind und auf Grund derselben seit längerer Zeit arbeiten, eingehende Kenntniß zu nehmen, stehe ich nicht an, den Königl. Provinzial=Schul=Collegien und den Königl. Regierungen folgende Eröffnungen zu machen.

Was die Seminarien betrifft, so mußte zunächst der Reli = gionsunterricht als die bedeutungsvollste und inhaltschwerste Unterlage einer Volksbildung, die weiter als für den heutigen Tag und für das tägliche Brod sorgt, aber auch um deßwillen meine besondere Aufmerksamkeit in Anspruch nehmen, weil gegen seine Gestaltung vornehmlich die im Abgeordnetenhause zur Sprache gekommenen Petitionen und der Antrag des letztern selbst Bedenken erhoben hatten.

Es sind mir, abgesehen von den übereinstimmend zu Gunsten des nach den Bestimmungen des Regulativs ertheilten Religionsunterrichts sich aussprechenden Berichten der Provincial=Behörden, persönlich nur sehr erfreuliche, den segensreichen Fortschritt ächt christlicher Volksbildung verbürgende Resultate entgegengetreten. Die einfache Lehre der evangelischen Kirche wird von den Zöglingen sicher gewußt, mit Verständniß selbstständig dar= und auseinandergelegt; die Beantwortung eingelegter Fragen und Einwürfe zeugt dafür, daß die Schüler durch den empfangenen, in die Sache eingehenden Unterricht zur Beherrschung ihres Wissens angeleitet worden sind; ihre Schriftkenntniß ist eine reichliche und besteht nicht bloß in Einzelnheiten, sondern es ist auch ein die weitere selbstständige Schriftforschung verbürgender Anfang in dem Verständniß ganzer Schriftabschnitte und ihres Zusammenhanges gemacht. Auf letzterem Gebiete wird überall fortzufahren, aber auch darauf zu achten sein, daß das reiche, dem Gedächtniß fest überlieferte Material von Schriftstellen, vielleicht eben in seiner Reichhaltigkeit, nicht als ein todter Besitz zum Hinderniß des begrifflichen Verständnisses und der persönlichen Aneignung werde, welche beide in ihrer naturgemäßen Wechselwirkung für jeden gebildeten evangelischen Christen, vor Allem für den Jugendlehrer die Hauptsache bleiben. Es gereicht mir zur Genugthuung, aussprechen zu können, daß der Religionsunterricht in den von mir persönlich eingesehenen Seminarien eben dieses Hauptziel alles Ernstes und mit Glück verfolgt und durch die männliche Kraft, in welcher er ertheilt, aufgenommen und verarbeitet wird, jede Spur von weichlichem, krankhaft subjectivem Gefühlsleben fernhält.

Was die Kenntniß der Kirchenlieder und der biblischen Geschichte anbetrifft, so wird es von den bei Weitem meisten Seminarien dankbar anerkannt, wie hier seit dem Erlaß des Regulativs vom 2. October 1854 die Präparandenbildung bedeutende Fortschritte gemacht und fast überall wenigstens das nöthige Material und das verlangte positive Wissen liefere. Je mehr allmälig mit einer richtigen Behandlung des biblischen Geschichtsunterrichts in den Seminarien ver=

traut gewordene Lehrer in die Schulen übergehen und sich mit den Geistlichen des Präparanden-Unterrichts annehmen, um so mehr wer= den die Seminarien in den Stand gesetzt werden, das Gebiet der heiligen Geschichte geistig zu verarbeiten, den alle Einzelnheiten durch= dringenden Einblick in den allmäligen Aufbau des Reiches Gottes und seiner Heilsveranstaltungen zu öffnen und an diesen großen, die Welt beherrschenden und überwindenden Führungen die eigene Entwicke= lung des persönlichen christlichen Lebens messen und ordnen zu lehren.

Für diejenigen Fälle, wo die Präparandenbildung noch mit be= sonderen Schwierigkeiten zu kämpfen hat, mache ich, um der freieren geistigen Thätigkeit in derselben den nöthigen Raum offen und sie nicht durch mißverständliches Drängen auf nicht erforderliches Me= moriren beschränken zu lassen, ausdrücklich darauf aufmerksam, daß das Regulativ vom 2. October 1854 (pag. 53 der Gesammtausgabe) für die Aufnahme in das Seminar von den Perikopen des Kirchen= jahres nur das sichere Wissen der Sonntags-Evangelien mit Bestimmt= heit, nicht aber so das Wissen der Sonntags-Episteln fordert. Das= selbe gilt von der Elementarschule (pag. 67 der Gesammtausgabe), und erwarte ich, daß die Königl. Regierungen für die Fälle, wo eine zu große Anstrengung des Gedächtnisses dem Verständniß und der freien geistigen Ausbildung Eintrag thun sollte, die Lehrer dahin an= weisen, daß in der Präparandenbildung und in der Elementarschule ein Verständniß der Sonntags-Episteln nach dem Wortinhalt, ohne deren gedächtnißmäßige Einprägung, genügen muß.

Wenn es sonst hinsichtlich des sogenannten Memorirstoffs in der Präparandenbildung und in der Elementarschule bei den Bestim= mungen der betreffenden Regulative im Allgemeinen sein Bewenden behalten muß, so bemerke ich im Einzelnen Folgendes.

In den Grundzügen pag. 67 der Gesammtausgabe ist bestimmt, daß in jeder Schule 30 Kirchenlieder fest gelernt werden müssen. Diese Zahl ist überall als genügend anzusehen und darf in keinem Fall über 40 erhöht werden. — In den genannten Grundzügen ist die Zahl der zu erlernenden Bibelsprüche nicht normirt, weil die Schule sich hierin wesentlich nach dem Bedürfniß des kirchlichen Ka= techumenen= und Confirmanden-Unterrichts zu richten hat. Um in= dessen auf diesem Gebiet die Schule vor etwa zu weit gehenden Ansprüchen einzelner Geistlichen sicher zu stellen, weise ich die Königl. Regierung hierdurch an, dahin Anordnung zu treffen, daß eine Zahl von 180 Bibelsprüchen als das Maaß angesehen werde, welches zu überschreiten, eine Schule nicht genöthigt werden soll.

Vor Allem aber ist Gewicht auf den pag. 68 der Gesammt= ausgabe der Regulative ausgesprochenen Grundsatz zu legen:

"Die Hauptaufgabe des Lehrers ist, den auf den beschriebenen Gebieten belegenen Inhalt zu entwickeln, zum Verständniß und zum Besitz der Kinder zu bringen. Dazu ist weniger

die Kunst des sogenannten Sokratisirens, als die des guten Erzäh=
lens, Veranschaulichens, des klaren Zusammenfassens der Haupt=
gedanken, des Abfragens und die Kraft des eigenen Glaubenslebens
erforderlich, welche in göttlichen Dingen ohne große menschliche Kunst
Ueberzeugung und Leben schafft."

Und zwar ist dieser Grundsatz, daß der Inhalt entwickelt und
zum Verständniß gebracht werden soll, nicht nur stets für das Ge=
schäft und die Arbeit der Lehrer geltend zu machen, sondern auch
die Revisoren der Schulen haben mehr, als es hier und da geschehen
und zu meiner Kenntniß gekommen ist, bei ihren Revisionen der
Schulen sich davon eingehende Kenntniß zu verschaffen, daß geistig
ge= und verarbeitet wird, und haben sich nicht bloß zu begnügen,
oder wohl gar Lob zu spenden, wenn der positive Besitz des Mate=
rials gedächtnißmäßig fertig nachgewiesen wird.

Die biblische Geschichte soll nach den ausdrücklichen Bestim=
mungen der Regulative auf keiner Stufe des Elementar= und Se=
minar=Unterrichts auswendig gelernt werden. Die Regulative setzen
bei Behandlung dieses wichtigsten und tiefgreifendsten Theiles des
religiösen Elementar=Unterrichts auf Seiten des Lehrers eine voll=
ständige Durchdringung des hierher gehörigen Materials nach Inhalt
und Form voraus und fordern eine geistige Verarbeitung desselben
nach didactisch richtigen und bewährten Grundsätzen. Sind diese
Voraussetzungen vorhanden, so werden die Kinder, wie der Augen=
schein lehrt, ohne daß Anforderungen an sie gestellt würden, welche
die von dem Lernen und geistigen Arbeiten überhaupt unzertrennliche
Mühe und Anstrengung übersteigen, zu ihrer eigenen Genugthuung
und Freude sehr bald befähigt, die Historien im engen Anschluß
an die volksthümliche Sprache der Lutherschen Bibelübersetzung selbst=
ständig wieder zu erzählen.

Sind nun die wegen Ueberlastung der Kinder mit religiösem
Memorirstoff erhobenen Klagen hauptsächlich gegen das Auswendig=
lernen der biblischen Geschichten gerichtet gewesen, so haben die statt=
gefundenen Ermittelungen allerdings dargethan, daß in manchen
Schulen die biblischen Historien gegen die ausdrücklichen Bestim=
mungen der Regulative zum Auswendiglernen aufgegeben worden.
Es geschieht dieses von Lehrern, welche selbst die biblische Geschichte
nicht erzählen können und bei ihrer Ausbildung keine Anleitung
empfangen haben, die religiöse Entwickelung der Kinder durch ge=
schickte und richtige Behandlung des historischen Stoffs herbeizu=
führen, von Lehrern, welche nicht hinreichend bewandert in der hei=
ligen Schrift und noch in einer Methode des abstracten Sokratisirens
befangen sind, die eben zum Segen einer gesunden religiösen Volks=
bildung durch die Regulative beseitigt werden soll.

Es ist hier, wie auf allen Gebieten neuer geistiger Entwickelungen,
eine Uebergangszeit erforderlich, während welcher Unvollkommenheiten,

zwar getragen, aber offenbare Mißgriffe doch auch verhütet, und Uebelstände nach Möglichkeit gebessert werden müssen.

Die Königl. Regierungen wollen daher für bestimmte Anweisung der Lehrer dahin sorgen, daß die biblischen Geschichten nicht wie anderer Memorirstoff auswendig zu lernen sind, daß auch in diesem Unterricht nicht das Erzählen mit dem Bibelwort genügt, sondern daß die biblischen Geschichten, vornehmlich in ihren die Entwickelung des Reiches Gottes und die Erbauung des persönlichen christlichen Lebens betreffenden großen Zügen und Einzelheiten erklärt und zum Verständniß gebracht werden müssen. Die Lehrer = Conferenzen werden besonders benutzt werden müssen, um schwächere Lehrer nach diesen Richtungen hin zu orientiren; die Geistlichen als Localschulaufseher werden zu einer sorgsamen fördernden und helfenden Controle zu veranlassen sein, die Departements=Schul=Räthe aber werden die von ihnen abzuhaltenden Schul=Revisionen und größern Lehrer=Conferenzen in jeder möglichen Weise dazu benutzen, um von dem biblischen Geschichts = Unterricht, dem lebensvollsten Unterrichtsfach der Elementarschule, todten Mechanismus fern zu halten. Den Lehrmitteln ist die nöthige Aufmerksamkeit zuzuwenden, und sind solche Historienbücher, welche durch verkehrte Einrichtung zum Auswendiglernen der Geschichte verführen, zu entfernen. Die einzelnen Abschnitte der biblischen Geschichte sind in angemessene größere Pensa zu theilen, damit Ueberfüllung für kleinere Zeitabschnitte vermieden wird, und ist darauf zu halten, daß sich die verschiedenen Curse dahin ergänzen, daß die in dem einen Cursus wesentlich nur dem Verständniß nahe gebrachten Geschichten in dem folgenden genauer durchgearbeitet und auch dem Wortinhalt nach von den Kindern angeeignet werden. Wo aber die Befähigung des Lehrers überhaupt nicht ausreichen sollte, auch sonst durch den Geistlichen keine Aushülfe geschafft werden kann, ist eine Auswahl der wichtigsten grundlegenden Geschichten des Alten Testamentes und im Neuen Testamente namentlich der das Leben und Wirken des Heilandes betreffenden Historien, welche von den Kindern erzählt werden müssen, zu veranstalten.

Die Königl. Provincial=Schul=Collegien aber wollen mit Strenge darauf halten, daß die in die Seminarien aufzunehmenden Präparanden wenigstens das Material der biblischen Geschichte vollständig beherrschen, damit den Seminarien volle Zeit bleibt, dieses Material geistig zu durchdringen und Anleitung zu geben, wie es für die Elementarschule zu verwerthen ist. In den Seminarien ist von dem biblischen Geschichts = Unterricht zu große Weitläuftigkeit und eine mehr theologischer Wissenschaftlichkeit, als christlicher Volksbildung angehörige Behandlung auszuschließen, auch dafür zu sorgen, daß in der festgesetzten Zeit die ganze biblische Geschichte in Erklärung und didactischer Anweisung durchgenommen werde.

Ist nach diesen Bestimmungen ein Auswendiglernen der biblischen Geschichten von der Aufgabe der Elementarschule ausgeschlossen, wird das Erlernen der Sonntags-Episteln nicht gefordert, ist für die zu memorirenden Kirchenlieder und Bibelsprüche eine zutreffende Zahl normirt; wird weiter in Betracht gezogen, daß das Erlernen der zuletzt bezeichneten Stoffe, der Sonntags-Evangelien und der festitehenden Theile des liturgischen Gottesdienstes durch die Einrichtung des Wochenliedes und des Wochenspruches, sowie durch die Beiwohnung und Anhörung des Gottesdienstes wesentlich erleichtert wird, und daß endlich zur Bewältigung des in dem Regulativ festgesetzten Unterrichtsstoffs ein sieben- bis achtjähriger Zeitraum gewährt wird: so kann unter Voraussetzung einer richtigen Vertheilung der Unterrichtsstoffe auf diesen Zeitraum, für welche die Königl. Regierungen zu sorgen haben, in keiner Weise von einer Ueberlastung des Gedächtnisses die Rede sein. Ich erwarte vielmehr, daß in richtiger Würdigung des Werthes, welchen die Ausbildung des Gedächtnisses an edlem Stoffe für die Erziehung überhaupt hat, und in Würdigung des für das Volk obwaltenden Bedürfnisses, die Grundlagen seines Glaubens und seiner religiösen Erkenntniß in festem und bleibendem Besitz zu haben, der verständigen Einprägung des unentbehrlichen religiösen Memorirstoffs in allen evangelischen Elementarschulen besondere Sorgfalt zugewendet und einer verkehrten Richtung entgegentreten werde, welche im Religionsunterricht des Volkes Geist und Bildung außerhalb des positiven Inhalts und ohne denselben wirken zu können vermeint.

Bei den Angriffen, welche die Regulative erfahren, ist vielfach die Ansicht ausgesprochen worden, daß in den nach ihnen eingerichteten Schulen die Ausbildung der Jugend in den für das practische Leben unentbehrlichen Kenntnissen und Fertigkeiten hintenan gesetzt werde. Die dem Hause der Abgeordneten eingereichten beiden Petitionen bezeichnen diese Befürchtung als thatsächlich begründet, und beklagt die eine derselben namentlich das Zurücktreten des Unterrichts in den realen Kenntnissen und in der Geschichte des Vaterlandes. Es ist zwar in den betreffenden Verhandlungen schon seitens der Staatsregierung geltend gemacht und nachgewiesen worden, daß diese Klagen sich nur auf Zustände der Schulen vor Erscheinen der Regulative beziehen könnten. In je vollerem Maaße ich aber es als Aufgabe der Regierung anerkenne, dafür zu sorgen, daß gerade die auf die Elementarschule angewiesenen unteren Classen des Volkes mit einer gediegenen geistigen Bildung ausgerüstet und zu verständigen und geschickten Mitgliedern der bürgerlichen Gesellschaft erzogen werden, um so mehr habe ich es für meine Pflicht gehalten, mich persönlich und eingehend davon zu überzeugen, wie nach dieser Richtung hin die Seminarien auf Grund der Regulative der ihnen gestellten Aufgabe genügen.

In den Uebungsschulen der von mir besuchten Seminarien, die, weil Anfänger zu ihrer eigenen Uebung in ihnen unterrichten, mit besonderen Schwierigkeiten zu kämpfen haben, waren fünf- bis sechsjährige Kinder nach fünfmonatlichem Schulbesuch in den Anfangsgründen des Lesens ziemlich weit vorgeschritten; sechs- und siebenjährige Kinder lasen einfache Stücke wort- und sinnrichtig, besaßen eine sichere Handschrift und schrieben aus dem Gedächtniß zusammenhängende Gedanken orthographisch richtig nieder. Dieselben Kinder waren mit besonderem Erfolg angeleitet, sich mündlich zusammenhängend über Dinge, die in ihrem Anschauungskreise lagen, auszusprechen. Es gereicht zu meiner besonderen Genugthuung, wenn ich noch die frische, geweckte Gesammthaltung der Kinder hinzurechne, diese Resultate eines einfachen und geistig belebenden Unterrichtsverfahrens als mich im vollen Maaße befriedigende anzuerkennen und die Erwartung hegen zu dürfen, daß die unter solcher Anleitung herangebildeten jungen Lehrer demnächst in den ihnen anzuvertrauenden Schulen, wenn auch nur Annäherndes, so doch jedenfalls berechtigten Anforderungen Genügendes leisten werden.

Ich habe sodann ein besonderes Augenmerk auf den in den Seminarien ertheilten Rechenunterricht gerichtet. Die in denselben vorhandenen Zöglinge waren durchweg vor dem Erscheinen der Regulative in den Elementarschulen vorgebildet; ihre Präparandenbildung hatten sie von Lehrern erhalten, welche vor dem Erscheinen der Regulative das Seminar besucht hatten. Die Klagen der Seminarlehrer-Collegien, daß die Präparanden im Rechnen sehr mangelhaft vorbereitet seien, habe ich durch Abhalten einer Prüfung mit den zuletzt eingetretenen Zöglingen bestätigt gefunden. Sie besaßen weder eine klare Einsicht in die Grundlagen des Zahlensystems, noch eine geeignete Fertigkeit in dem elementaren Rechnen. Eine demnächst angestellte Prüfung der obersten Seminarklasse ergab, mit welchem günstigen Erfolg nach Maaßgabe der in den Regulativen enthaltenen Bestimmungen innerhalb zweier Jahre jene Mängel ausgeglichen und überwunden worden waren, und wie die erlangte theoretische Einsicht und practische Fertigkeit genügte. Die Bestimmung der Regulative S. 38: „Bei den mannigfaltigsten Uebungen der Zöglinge muß ihnen doch überall Ein Verfahren als das für die Elementarschule geeignetste bezeichnet werden, damit hier nicht Sicherheit einer unsicher machenden Vielseitigkeit nachgesetzt werde", hatte sich in ihrem Gegensatz zu der Methode, nach welcher die Präparanden noch meistens vorgebildet waren, zutreffend bewährt.

Mit Rücksicht auf die besonderen Schwierigkeiten, welche die Seminarien wegen noch mangelhafter Präparandenbildung im Rechnen und im Unterricht in der Raumlehre zu überwinden haben, und mit Rücksicht auf die große Bedeutung, welche dieser Unterricht, seine zweckmäßige Ertheilung vorausgesetzt, für die formelle geistige Bildung der Lehrer und für die Bedürfnisse des practischen Lebens hat, will ich hierdurch eine Erweiterung der Bestimmungen des Regulativs vom 1. October 1854 nach zwei Seiten hin eintreten lassen. Zunächst sollen in der obern Seminar=Abtheilung statt Einer (pag. 37 der Gesammtausgabe) zwei Stunden wöchentlich für den Unterricht im Rechnen und in der Raumlehre angesetzt werden. Sodann soll (pag. 39) eine weitergehende Ausbildung der Seminaristen etwa bis zur Verhältnißrechnung, den Decimalzahlen, dem Ausziehen der Wur= zeln, nicht ausnahmsweise von den Provincialbehörden gestattet, son= dern fernerhin als eine von den Seminarien zu erwartende Leistung angesehen werden, deren Verfolgung von den Königl. Provincial= Schul=Collegien in denjenigen Seminarien ausnahmsweise untersagt werden kann, welche wider Erwarten außer Stande sein sollten, die unerläßlichsten elementarischen Anforderungen zu erfüllen. —

Die von mir in Seminarien eingesehenen Proben des nach den Be= stimmungen der Regulative ertheilten Schreib= und Zeichenunter= richts haben meine vollste Billigung erlangen müssen. Es war überall eine einfache und gleichmäßige Handschrift erzielt, und hat es nament= lich mir Genugthuung gewährt, daß die Vorschrift des Regulativs vom 1. October 1854, nach welcher sämmtliche von den Zöglingen an= zufertigenden schriftlichen Arbeiten Uebungen und Proben im Schön= schreiben sein sollen, und wie dieses Mittel zu Gunsten einer geistigen Disciplin nachhaltig gehandhabt werden soll, die günstigsten Erfolge hervorgerufen hat. — Die Resultate des Zeichenunterrichts, von den einfachsten Linearzeichnungen bis zur selbstständigen Darstellung von Grund= und Aufrissen und perspectivischen Zeichnungen haben mich wegen der in ihnen hervortretenden Geschicklichkeit, Sauberkeit und erkennbaren Energie des Willens und Strebens der sonst so über= aus beschäftigten Zöglinge überrascht. Ich empfehle beide Disciplinen der weiter fördernden Fürsorge der Königl. Provincial=Schul=Collegien.

Was die Realien betrifft, so habe ich in den von mir besuchten Seminarien zunächst nähere Kenntniß von der Naturlehre, der Pflanzen= und Thierkunde genommen. Der in diesen Discipli= nen ertheilte Unterricht, klar in der Anordnung, anschaulich in der Gestaltung und erfolgreich in der von den Zöglingen erlangten Befä= higung, sich selbstständig über das Erlernte und Verstandene auszu= sprechen, geht nach den Bestimmungen des Regulativs vom 1. October 1854 über das nächste Bedürfniß der Elementarschulen hinaus, aber in der rechten Weise begründend und Maaß haltend, daß durch ihn der künftige Lehrer in den Stand gesetzt wird, den betreffenden In= halt des Lesebuchs für die Elementarschulen fruchtbringend zu er= klären und zu erweitern, sich den practischen Bedürfnissen des Volks= lebens in Anweisung und Ertheilung von Rath, sowie in Betheiligung an dem Unterricht in Fortbildungsschulen nützlich zu erweisen.

Indem ich die Erwartung ausspreche, daß in diesen Disciplinen auf dem bewährt gefundenen Wege der Regulative weiter fortgefahren werde, gebe ich der Erwägung der Königl. Provinzial=Schul=Collegien anheim, ob nicht, um den sich practisch geltend machenden Bedürfnissen des Lebens entgegenzukommen, in den Seminarunterricht die wichtigsten elementaren Lehren der Chemie, namentlich soweit sie auf die Agricultur Bezug haben, mehr als bisher, etwa im Anschluß an die Unterweisung im Gartenbau und in der Obstbaumzucht, Berücksichtigung finden könnte.

Ich spreche weiter meine besondere Befriedigung über die Erfolge des nach den Regulativen in den Seminarien ertheilten Unterrichts in der deutschen Sprache aus. Die Grammatik findet ihre richtige, sparsame und bewußte Anwendung, soweit sie zum Verständniß des Inhalts der Sprache erforderlich ist. Der Inhalt der Sprache von seiner volksthümlichen, ethischen und ästhetischen Seite aus ist Hauptgegenstand der Arbeit. Das von mir eingesehene Verfahren bei dem Unterricht ist das richtige. In meiner Gegenwart sind Gedichte von Uhland und Kerner in der Art behandelt worden, daß der Gesammtinhalt zunächst von dem Lehrer nahe gebracht, dann die Einzelheiten nach Ursprung, Form und Wesen klar gemacht, mit dem Verständniß des Einzelnen Hingabe an das Ganze erzielt, und endlich mündliche und schriftliche Darstellung im Anschluß an das Gegebene versucht worden sind. Ich habe mir eine selbstständige Darlegung der Verarbeitung der sogenannten Normalstoffe im deutschen Sprachunterricht, sowie die Resultate der Privatlectüre, zum Beispiel in Auseinandersetzung des Inhalts von Göthe's „Herrmann und Dorothea" und von Kapff „die Revolution" vorführen lassen, und habe meine aufrichtige Freude darauf gefunden, daß die künftigen Lehrer unsres Volkes so in die reichen Schätze unsrer volksthümlichen Litteratur eingeführt werden, solche Hingabe an deren Verarbeitung beweisen und an letzterer sich zur freien, selbstständigen mündlichen und schriftlichen Darstellung ihrer eigenen Gedanken emporarbeiten.

Ein wesentliches Moment zum Abschluß und zur Vollendung der durch die Regulative beabsichtigten Volksbildung ist der Gesang. Er dient kirchlichen und volksthümlichen Zwecken. In ersterer Beziehung ist in den von mir besuchten Seminarien neben der Ausbildung von Organisten der Vorbereitung von tüchtigen Cantoren volle Berücksichtigung zugewendet.

Daß aber aus unseren Seminarien Lehrer hervorgehen, welche die schönsten Saiten edler Compositionen deutscher Sänger anzuschlagen verstehen, welche neben den das Heiligste preisenden Hymnen auch die Melodien mitzutheilen verstehen, die den Genuß der Natur verklären, die Großthaten unsrer Fürsten und Helden feiern, das vaterländische Bewußtsein heben; ist ein Besitz, den die Unterrichtsbehörden im Interesse des Volkes festzuhalten und zu vermehren, die dringendste Veranlassung haben.

Ich wünsche, daß die bei allen Seminarien eingeführten gymna=
stischen Uebungen sich immer mehr mit demjenigen in Ueberein=
stimmung setzen, was unsere Heeresverfassung als gymnastische Vorbe=
reitung bedarf und fordert. Je höher die Vergünstigung anzuschlagen
ist, daß den in Seminarien ausgebildeten Schulamtscandidaten die
Ableistung der Militairpflicht in einem sechswöchentlichen Dienst ge=
stattet ist, um so mehr haben die Seminarien die Pflicht, die Wehr=
haftigkeit ihrer Zöglinge vorzubereiten. Kann auch der Turnunterricht
für die Elementarschulen nicht obligatorisch gemacht werden, eine
dießfällige Ausbildung der Lehrer wird indirect der Erfolge an der
Jugend nicht entbehren, welche deren Väter in ihrem Preußischen
Bewußtsein willkommen heißen werden. Ich behalte mir besondere
Verfügung dahin vor, daß alle Seminarien baldmöglichst in den Besitz
solcher Turnlehrer gelangen, welche ihre zweckmäßige Vorbildung in
der hiesigen Königl. Centralturnanstalt erhalten haben.

In dem Regulativ vom 1. October 1854 ist verordnet, daß in
Seminarien, was Vaterlandskunde betrifft, zunächst die deutsche
Geschichte mit vorzugsweiser Berücksichtigung der Preußischen, resp.
Provincial=Geschichte zu betreiben sei, überall die culturgeschichtliche
Rücksicht vorzuwalten habe und die Auffassung der Geschichte von
christlichem Geist und Bewußtsein durchdrungen und getragen wer=
den müsse. Dabei soll der vaterländische Geschichtsunterricht mit
dem Leben und der Anschauungsweise des Volkes in fruchtbare Ver=
bindung gesetzt werden.

In den von mir besuchten Seminarien ist diese Aufgabe in
einer zu meiner vollen Befriedigung gereichenden Weise gelöst wor=
den. In der deutschen Geschichte findet die des Preußischen Volkes
und seines Herrscherhauses ihre Stellung und ihr Verständniß; der
Unterricht in der Geschichte bietet kein Conglomerat von Einzel=
heiten, sondern soweit das elementare Verständniß reicht, einen Zu=
sammenhang von culturhistorischen Momenten und ein Verständniß
der letzteren; neben der Befähigung zu selbstständiger und zusammen=
hängender Darstellung der Begebenheiten ist es erreicht, daß die
Seminaristen die für die Elementarschulen sich eignenden Character=
bilder mit Einflechtung der volksthümlichen und poetischen Einzel=
heiten in geeigneter Form vortragen können. Es sind Resultate aus
der vaterländischen Geschichte gezogen, welche dem Wesen der letztern
entsprechend, ebenso verständlich sind, wie sie in ihrer Uebertragung
auf die Jugend des Volkes fruchtbringend sein werden. Es hat sich
mir in durchaus zutreffender Weise begründet erwiesen, wie in ver=
ständiger Behandlung das Lesebuch den richtigen Anhalt für die Be=
treibung der realen Unterrichtsgegenstände in der Elementarschule
bietet. Wenn daher das in dem Regulativ vom 3. October 1854
hinsichtlich des Unterrichts in den Realgegenständen vorgeschriebene
Verfahren in keiner Weise einer Aenderung bedarf, so bestimme ich,

um etwa vorgekommenen Mißverständnissen zu begegnen, daß in denjenigen Schulen, in welchen nach dem letzten Alinea auf pag. 72 der Gesammtausgabe wöchentlich 30 Unterrichtsstunden angesetzt sind, von diesen drei für Vaterlands= und Naturkunde verwendet werden müssen. Wo dieses aber nach den örtlichen Verhältnissen in voraussichtlich wenigen Fällen nicht möglich ist, muß für den sich lediglich an das Lesebuch anschließenden Unterricht in Vaterlands= und Naturkunde den Lehrern ein planmäßiges Verfahren vorgeschrieben, und muß bei den abzuhaltenden Schulprüfungen genau untersucht werden, ob die in diesen Fächern von den Kindern erlangten Kenntnisse nach Umfang und Klarheit den nothwendig zu stellenden Anforderungen entsprechen. — Für die Behandlung der betreffenden Gebiete in dem Seminarunterricht habe ich aus meinen unmittelbaren Anschauungen nur die Warnung zu geben, daß über Betreibung der physicalischen Geographie die Orientirung in politischen, technologischen und culturgeschichtlichen Dingen nicht versäumt werde.

Schließlich hebe ich anerkennend hervor, daß mir in den von mir besuchten Seminarien die Zöglinge in einer überaus frischen, energischen Lust zur Arbeit und zur Anstrengung an den Tag legenden Weise entgegengetreten sind, daß mir ihre formelle Bildung, soweit sich solche in der äußeren Erscheinung, in der Gewandtheit der mündlichen Darstellung und in der freien natürlichen Haltung erkennen läßt, wohlgethan hat, und daß ich mich gefreut habe, diese Einblicke in die Werkstätten unserer Volksbildung thun zu können, in welcher die Königl. Provincial = Schulcollegien und Regierungen einen großen Theil der Zukunft unsers Vaterlandes und unserer Nation zu leiten und geistig zu versorgen haben.

Ich empfehle den Königl. Provincial = Schulcollegien und den Königl. Regierungen mit den in dieser Verfügung gegebenen Andeutungen und Modificationen die weitere sorgsame Ausführung und den gewissenhaften Ausbau der Preußischen Regulative vom 1., 2. und 3. October 1854 und hoffe zu Gott, daß meine und Ihre Arbeit an der heiligen Aufgabe der Bildung unsers Volkes nicht vergeblich sein wird.

Berlin, den 19. November 1859.

Der Minister der geistlichen :c. Angelegenheiten.
v. Bethmann = Hollweg.

An
sämmtliche Königliche Provincial=Schul=Collegien
und Regierungen.
24,809.

II.

Denkschrift,

den religiösen Memorirstoff in der Elementarschule und in der Präparandenbildung, sowie die weitere Entwickelung der drei Preußischen Regulative vom
1., 2. und 3. October 1854 betreffend.

Das Haus der Abgeordneten hat in der Sitzung vom 21. Mai
1860 auf Grund des von der Unterrichts = Commission des Hauses
unter dem 15. desselben Monats erstatteten Berichts, welcher in dem
Centralblatt für die gesammte Unterrichts=Verwaltung 1860, Nr. 137.
Seite 343 u. folgd. vollständig abgedruckt ist, den Beschluß gefaßt,
unter Ueberweisung sämmtlicher die Schul=Regulative betreffenden
Petitionen an das Königl. Staats=Ministerium zu erklären:

1) daß der Erlaß der Regulative vom 1., 2. und 3. October 1854
   für verfassungswidrig nicht zu erachten, und deshalb die auf
   sofortige Beseitigung derselben gestellten Anträge einiger Pe-
   tenten abzulehnen;

2) daß die Verminderung des religiösen Memorirstoffes in der
   Elementar = Schule und bei der Vorbildung der Seminar-
   Präparanden der fortgesetzten Erwägung des Ministeriums
   zu empfehlen, und

3) daß die Vorlegung des im Artikel 26 der Verfassung ver-
   heißenen Unterrichtsgesetzes, und in diesem zugleich die Ent-
   scheidung über die wünschenswerthe Steigerung der Leistungen
   in den Schullehrer=Seminarien, sowie der Anforderungen an
   die Seminar=Präparanden, wenn irgend möglich, in der
   nächsten Session erwartet werde.

Im Anschluß an diese Erklärungen hat der Minister der geistlichen 2c. Angelegenheiten unter dem 3. September 1860 (Nr. 12,050)
die nachstehende Verfügung an die Königlichen Regierungen und
Provinzial=Schul=Collegien erlassen:

„In der diesjährigen Session des Hauses der Abgeordneten
haben von Neuem ausführliche und eingehende Verhandlungen über
die drei Preußischen Regulative vom 1., 2. und 3. October 1854
stattgefunden. Der die hier einschlagenden, durch verschiedenartige
Petitionen hervorgerufenen Fragen gründlich behandelnde Bericht der
Unterrichts = Commission des Abgeordnetenhauses ist nebst den Erklärungen, welche ich bei der Berathung im Plenum im Namen der
Staatsregierung abzugeben, mich veranlaßt gefunden habe, in dem
Centralblatt für die gesammte Unterrichtsverwaltung, Seite 342
und folgende, abgedruckt und dadurch zur allgemeinen Kenntniß gebracht worden."

„Aus diesem Bericht und den stattgefundenen Verhandlungen,
so wie aus den gefaßten Beschlüssen ergiebt sich zunächst die That-

sache, daß durch ausdrückliche Erklärung des Hauses der Abgeordne=
ten die bei diesem wegen Verfassungswidrigkeit und formeller Unzu=
lässigkeit der Regulative erhobenen Bedenken als unbegründet und
des Anhalts entbehrend zurückgewiesen sind."

„Was sodann den Inhalt der Regulative, die Bedeutung der
in ihnen zusammengefaßten Principien des Seminar= und Elemen=
tar=Unterrichts und deren Anwendbarkeit und Ausführung in den
verschiedenen evangelischen Unterrichtsanstalten betrifft, so sind diese,
wie der Bericht ergiebt, theils ohne Weiteres, theils auf Grund der
von der Staats=Regierung in den Commissions=Sitzungen abgegebe=
nen Erklärungen und Erläuterungen als zutreffend und richtig an=
erkannt worden, wobei ich in Uebereinstimmung mit der ursprüng=
lichen Absicht bei Erlaß der Regulative, sowie aus eigener Ueber=
zeugung wiederholt den Gesichtspunkt geltend gemacht und hervor=
gehoben habe, daß das nach den Regulativen eingerichtete Schul=
und Unterrichts=Wesen der Weiterbildung und Entwickelung bedürftig
und fähig sei, und daß somit die in den Regulativen enthaltenen
Detail=Anweisungen nicht als etwas in sich Abgeschlossenes und Voll=
endetes angesehen werden dürften."

„Von demselben Gesichtspunkt ausgehend hat die Unterrichts=
Commission des Abgeordnetenhauses dem letzteren vorgeschlagen, der
fortgesetzten Erwägung des Ministeriums zu empfehlen, ob in der
Elementarschule und bei der Vorbildung der Seminar=Präparanden
eine weitere Verminderung des religiösen Memorirstoffes eintreten
könne, und daß eine Steigerung in den Leistungen der Schullehrer=
Seminarien, sowie der Anforderungen an die Seminar=Präparanden
wünschenswerth erscheine. Diese Anträge sind von dem Abgeord=
netenhause zum Beschluß erhoben worden, ohne daß anderweite mit
den von der Unterrichts=Commission in ihrem Berichte niedergelegten
Auffassungen über den Werth und die Bedeutung der Regulative im
Widerspruch stehende, oder dieselben modificirende Meinungen in dem
Abgeordnetenhause Billigung und Berücksichtigung gefunden haben."

„Behufs Erledigung der hiernach in Anregung gebrachten Fra=
gen will ich den eingehenden Bericht der Königlichen Regierung
erwarten und empfehle der Erwägung derselben folgende Gesichts=
punkte."

„Die Königliche Regierung hat durch Anwesenheit ihrer Com=
missarien bei den Entlassungs=Prüfungen der Seminarien Gelegen=
heit gehabt, die Leistungen der Seminarien und die Qualification
der von ihnen entlassenen Schulamts=Candidaten sowohl im Ein=
zelnen kennen zu lernen, als dieselbe auch dadurch in den Stand
gesetzt worden ist, zu beurtheilen, ob und worin sich die auf Grund
der Regulative vom 1., 2. und 3. October 1854 bewirkte Ausbil=
dung der Elementarlehrer von der etwa früher nach anderen Prin=
cipien erfolgten unterscheidet."

2

„Außerdem hat die Königliche Regierung die Wirksamkeit der nach den genannten Regulativen ausgebildeten Lehrer in den ihnen anvertrauten Schulen seit mehreren Jahren beobachten können und muß also ein auf thatsächlichen Erfahrungen beruhendes Urtheil einmal über das Genügende, oder die Mangelhaftigkeit dieser Wirksamkeit, soweit letztere mit der Vorbildung der Lehrer im Zusammenhang steht, sodann über den Unterschied von der auf anderen Principien beruhenden Lehrwirksamkeit sich gebildet haben. Hieraus, zusammengehalten mit den Anforderungen, welche nach der Natur der Sache und unter Berücksichtigung des unter gewöhnlichen Verhältnissen Erreichbaren hinsichtlich der durch die Elementarschule zu erlangenden Bildung der Jugend gemacht werden müssen und können, wird sich ein zutreffender Schluß ergeben, ob und in welchen Stücken die Leistungen der Schullehrer=Seminarien, wie sie durch das Regulativ vom 1. October 1854 normirt sind, einer Steigerung bedürfen. Hierbei hat die Königliche Regierung auch das Bedürfniß der mehrklassigen Schulen, welche nach den Verhältnissen der betreffenden Bevölkerung über das Maaß der durch das Regulativ vom 3. October festgesetzten Leistungen der einklassigen Elementarschule hinausgehen können und müssen, nicht außer Acht zu lassen, ebenso aber festzuhalten, daß etwa an einzelnen Orten und unter singulären Verhältnissen hervortretende Bedürfnisse allgemeine Maaßregeln nicht bestimmen können."

„Müssen nach der Ansicht der Königlichen Regierung die Leistungen der Seminarien gesteigert werden, so fragt sich, ob dieses unter Beibehaltung der durch das Regulativ vom 2. October 1854 bestimmten Anforderungen an die Präparandenbildung erfolgen kann, oder ob und in welchen Stücken auch eine Steigerung dieser Anforderungen nothwendig erscheint. Glaubt sich die Königliche Regierung auf Grund Ihrer Erfahrungen für die letztere Alternative entscheiden zu müssen, so sind auch die Mittel und Wege anzugeben, auf denen eine anderweite Einrichtung der Präparandenbildung mit Sicherheit in das Leben gerufen und ausgeführt werden kann."

„Sofern die Königliche Regierung eine Steigerung in den Anforderungen an die Seminarien und an die Präparandenbildung für erforderlich erachtet, wolle dieselbe es nicht bei allgemeinen Auslassungen bewenden lassen, sondern bestimmt formulirte Vorschläge machen."

„Hinsichtlich noch weiterer Verminderung des religiösen Memorirstoffes in der Elementarschule und bei der Präparandenbildung bin ich zwar, ohne mich im Voraus entgegengesetzten Erfahrungen der Königlichen Regierung verschließen zu wollen, der Ansicht, daß nach den von mir unter dem 19. November v. J. (Nr. 24,809) getroffenen theilweise abändernden Bestimmungen das Maaß des nach beiden Beziehungen festgesetzten Memorirstoffes weder das wirkliche Bedürfniß, noch die Leistungskraft der Schüler übersteigt. Nach einigen

mir in den Sitzungen der Unterrichts-Commission des Abgeordnetenhauses entgegengetretenen Aeußerungen, welche in dem Commissions-
Bericht berücksichtigt sind, kann es aber den Anschein gewinnen, als
ob um der Forderung willen, der Memorirstoff solle bei den Schülern immer präsent gehalten werden, in einzelnen Fällen an die Memorirthätigkeit der Schüler zu weit gehende Ansprüche gemacht, der
verarbeitenden und geistbildenden Thätigkeit des Lehrers zu viel Zeit
und Raum entzogen, und eine freiere geistige Durchbildung behindert
würden. Sofern diese Voraussetzungen durch die Erfahrung der
Königlichen Regierung bestätigt werden sollten, erwarte ich Vorschläge zur Abhülfe, und namentlich hinsichtlich der Präparandenbildung Aeußerung, ob nach dieser Seite hin etwa in dem Verfahren
bei der Aufnahme-Prüfung für das Seminar eine Aenderung wünschenswerth und ausführbar erscheint."

„Hinsichtlich der an die Seminarien und an die Präparandenbildung zu stellenden höheren Anforderungen ist von den Leistungen
der Seminarien und dem Erfolge der Präparandenbildung seit Erlaß der Regulative im Vergleich mit den früheren Zuständen aus-
zugehen, das Bedürfniß der Gegenwart und die Leistungskraft der
Seminarien sowohl nach ihrer Stellung und Aufgabe überhaupt,
als nach der ihnen zu Gebote stehenden Zeit und den vorhandenen
Lehrkräften in Betracht zu ziehen."

Wie diese Verfügung, so berücksichtigen auch die auf dieselbe
erstatteten Berichte den Gesammt-Inhalt der Erklärungen des Hauses der Abgeordneten, also auch die Fragen, welche nach diesen Erklärungen erst in dem vorzulegenden Unterrichtsgesetz ihre Erledigung
finden sollen. Hier handelt es sich nur um die in der Erklärung
zu Nr. 2 der fortgesetzten Erwägung des Ministeriums empfohlene
Frage wegen Verminderung des religiösen Memorirstoffs in der Elementarschule und bei der Vorbildung der Seminar-Präparanden.

Indessen auch in dieser Beziehung ist zum Verständniß der
Auslassungen und Anträge der Provinzialbehörden ein näheres Ein-
gehen auf die Auffassung erforderlich, welche sie der ihnen gestellten
Aufgabe im Allgemeinen und der pädagogischen und didactischen Bedeutung der Regulative überhaupt zuwenden.

Wenn auch in diesen Berichten nicht vereinzelt die Besorgniß
ausgesprochen wird, es liege nach den bisherigen Vorgängen die Ge-
fahr nahe, daß die Verhandlungen über die bedeutungsvollsten Grundsätze der Erziehung und des Unterrichts sich dem Gebiete, auf dem
eine ruhige, einsichtsvolle und der Sache selbst förderliche Erör-
terung solcher Fragen nur zu erwarten stehe, der pädagogischen Wissenschaft und der Schulerfahrung mehr und mehr entziehen, und
selbst, wenn sie auf diesem Gebiete längst entschieden, und sichere
Resultate erreicht seien, doch wiederum auf den Kampfplatz politischen

und kirchlichen Parteistreites gezogen werden möchten: so wird doch
die Umsicht dankbar hervorgehoben, welche auch in den seitherigen
parlamentarischen Verhandlungen den gesunden und richtigen Principien Anerkennung und Geltung verschafft hat.

Dagegen wird es aus folgenden Gründen als eine schwierige
Aufgabe bezeichnet, über die Wirkung einer Verordnung, zumal wenige Jahre nach deren Erlaß, zutreffend zu urtheilen. Ist nämlich
die betreffende Vorschrift eine neue und lebensfähige, so würde sie
längerer Zeit bedürfen, um sich in die Sitte und Praxis einzuleben.
Ist sie aber nicht als ein neues Princip, sondern nur als ein neues
Moment, nur als der Ausdruck eines schon vorhandenen Zustandes
in die geschichtliche Entwickelung des öffentlichen Lebens eingetreten,
so sei schwer zu unterscheiden, was von den analogen Wirkungen
seine Entstehung einer früheren oder späteren Periode verdankt. Ue-
berdies übe auf dem Gebiete des Unterrichts, wie alles geistigen
Lebens, die Persönlichkeit einen größeren Einfluß aus, als der Buch-
stabe einer gesetzlichen Vorschrift, und dürfe man voraussetzen, daß
jene diesen lebendig in sich trage, vielleicht in sich trug, ehe er vorgeschrieben war, so lasse sich kaum sondern, was von den wahrge-
nommenen Erscheinungen und Wirkungen dem einen und dem anderen Factor angehöre. Das sei aber die Lage der Sache, in der
das Schulwesen sich in Beziehung auf die Schulregulative befindet.
Sie seien in den lebendigen Fluß der naturgemäßen und geschichtlichen Entwickelung des Unterrichtswesens im Preußischen Staat als
ein bestimmtes und bestimmendes Moment eingetreten und hätten
einem gewordenen und zum Theil noch im Werden begriffenen Zustande Ausdruck und Abschluß, aber auch weiteren Impuls gegeben.

Es scheine wichtig, daß dieser Gesichtspunkt ihren Gegnern gegenüber festgehalten werde. Nichts habe den Regulativen in der
öffentlichen Meinung und selbst bei Sachverständigen mehr geschadet,
als daß man angenommen, es werde in ihnen ein neues, alles Bis-
herige umgestaltendes Princip aufgestellt, gleichsam eine neue Reformation des Volksschulwesens, und zwar eine rückschreitende, angekündigt,
eine ganz neue, und zwar eng abgeschlossene Bahn bezeichnet, in deren
Schranken die Thätigkeit des Volksschullehrers sich fortan zu bewegen
und zu halten habe. Jenes Vorurtheil habe daher auch manche Lehrer
verleitet, unter der Fahne des vermeintlichen Fortschrittes sich der Oppo-
sition gegen die Regulative anzuschließen und auf eine in der Praxis
beinahe beseitigte Richtung wenigstens theoretisch zurückzugreifen. Es
habe den Gegnern der christlichen Pädagogik Muth gemacht, in den
Angriffen gegen die Regulative jene selbst zum Zielpunkt zu nehmen und die Vertheidiger der christlichen Pädagogik in die ungün-
stige Position gebracht, sich auf das enge Feld der Regulative zu
beschränken, während sie eine große Geschichte hinter sich hatten,
die den Principienkampf längst zu ihren Gunsten entschieden habe. —

Wie aber die hier behauptete Continuität der Regulative mit den seitherigen Principien des Seminar= und Elementar=Schulwesens factisch vorhanden, wird durch eine Circular=Verfügung der Regierung in Frankfurt a. O. vom 22. Juni 1860*) im concreten Fall nachgewiesen. Diese Verfügung besagt in den hier einschlagenden Stellen:

„Der Erlaß des Herrn Ministers der geistlichen ꝛc. Angelegenheiten vom 19. November v. J., die drei Regulative vom 1., 2. und 3. October 1854 betreffend, habe es zur allgemeinen Kenntniß gebracht, daß die Principien der christlichen Volksbildung, welche den Regulativen zum Grunde liegen, an höchster Stelle fort und fort als maaßgebend anerkannt werden. Aber die richtige Ausführung der gegebenen Vorschriften solle von den Aufsichtsbehörden überwacht und vor Ausschreitungen nach der einen oder der anderen Seite hin bewahrt bleiben.

Mißverständnisse in der Auffassung und Fehlgriffe in der Anwendung der Schul=Regulative, wie dergleichen Gegenstand öffentlicher Anklage geworden, hätten im dortigen Verwaltungsbezirk billig gar nicht vorkommen sollen. Mindestens dürfte vorausgesetzt werden, daß den Organen der Schulaufsicht durchgängig ein richtiges und volles Verständniß des Sinnes und Zweckes, sowie der einzelnen Bestimmungen der Regulative beiwohne, und daß im Allgemeinen die Praxis, welche sie vorschreiben, den Lehrern bekannt und geläufig geworden sei und sich in den Schulen längst eingebürgert habe. Denn die Schulregulative vom Jahre 1854 hätten für den Unterricht in den Elementarschulen der Provinz keine in der Hauptsache neuen Bestimmungen getroffen, sondern an die bestehende Schulgesetzgebung und Schulverwaltung sich anschließend und der stetigen Entwickelung des Lehrwesens auf dem Gebiete der Volksschule folgend, nur die bewährten Resultate didactischer Erfahrungen zusammengefaßt und zu einem gewissen Abschlusse gebracht. Dieselben Grundsätze, welche sie aufstellen, und dieselbe Richtung, welche sie verfolgen, seien seit länger als 25 Jahren in der dortigen Schulverwaltung maaßgebend gewesen und in Verfügungen des Königlichen Provinzial=Schul=Collegiums und der Königlichen Regierung nicht blos empfohlen, sondern als Norm und Richtschnur für Lehrer und Schulaufseher ausdrücklich geltend gemacht worden. Mit diesen Anordnungen sei die in den Seminarien des Bezirks von bewährten Pädagogen und Schulmännern ertheilte theoretische und practische Anleitung Hand in Hand gegangen und das Schulblatt der Provinz Brandenburg habe besonders in den von dem Schulrath O. Schulz dargebotenen Beiträgen ein sehr reichhaltiges, über alle Fächer des

---

*) Abgedruckt im Centralblatt pro 1860 Seite 617 Nr. 269.

Elementarunterrichts sich verbreitendes Material für die fruchtbare Bearbeitung der besonderen Aufgaben mit consequenter Festhaltung und Durchführung der im Ganzen leitenden Gesichtspunkte geliefert. Alle diese Arbeiten seien nicht vereinzelte Erscheinungen gewesen, sondern hätten sich an die Bestrebungen der christlichen Pädagogik angeschlossen, welche schon seit dem Anfange dieses Jahrhunderts durch Männer wie F. H. Chr. Schwarz u. a. angebaut, die von Pestalozzi gegebene fruchtbare Anregung zu naturgemäßer Bildung der Jugend und Gestaltung des Volksunterrichts mit den Forderungen des Christenthums, der Wissenschaft und des wirklichen Lebens in Einklang zu bringen und aus ihrer Einseitigkeit in eine zu sicherem Fortschritt nach dem Ziele christlicher und nationaler Volks- und Jugendbildung führende Bahn zu leiten suchte. Die für den Elementarlehrer lehrreichsten Werke dieser pädagogischen Richtung seien den Lehrern durch die Lesegesellschaften und Lehrerconferenzen zugänglich gewesen, und es dürfe gesagt werden, daß die besten Kräfte im Lehrerstande eifrig an der Lösung der gestellten Aufgaben gearbeitet hätten. Erziehung der Jugend im Geiste des Christenthums und in Uebereinstimmung mit dem kirchlichen Bekenntniß, Unterricht in der Heilsgeschichte des alten und neuen Testaments und in der Heilslehre, wie sie der kirchliche Katechismus darlegt, Einführung in das Verständniß der heiligen Schrift und in den Liederschatz der evangelischen Kirche sei solchen Lehrern längst Hauptsache gewesen, der bildende Unterricht in der Muttersprache ihre stetige Arbeit, Uebung des Denkvermögens im Rechnen mit Berücksichtigung des practischen Bedürfnisses im bürgerlichen Leben, Kunde der Heimath und des Vaterlandes und seiner Geschichte, Ausbildung der einfachsten Kunstfertigkeiten, besonders im Gesange, seien Gegenstände, welche sie mit Lust und Liebe betrieben. In der Methode hätten sie es nicht verkannt, daß Vereinfachung, Zusammenfassung, richtige Verbindung und Abstufung, sowie scharfe Abgränzung des Unterrichtsstoffes, anschauliche, fest bestimmte Gegenständlichkeit, Beschränkung auf das Wesentliche mit Beseitigung des Ueberflüssigen und Unwichtigen, Gründlichkeit und Sorgfalt besonders in den Anfängen, vor Allem ein lebensvoller und mit Leben erfüllender Inhalt der ganzen Lehrthätigkeit das Wesen der ächten Lehrkunst ausmache. Diese Einsicht habe bei der Publication der Regulative im Wesentlichen als hinlänglich bekannt und bereits in Uebung stehend vorausgesetzt, diejenige Richtung aber, welcher sie entgegentreten und als „den Gedanken einer allgemein menschlichen Bildung durch formelle Entwickelung der Geistesvermögen an abstractem Inhalt" bezeichnen, wenn auch nicht aus den Köpfen aller Lehrer verschwunden, doch im Allgemeinen aus der Schulpraxis als beseitigt angesehen werden können. Und so seien auch die Regulative als der Ausdruck eines als heilsam anerkannten Princips, des christlich- und evangelisch-pädagogischen Prinzips, dem die höchste Unterrichtsbehörde das Siegel der Anerkennung ertheilt hatte, von sämmtlichen Schulaufsehern und der großen Mehrzahl der Lehrer als eine willkommene Erscheinung und segensreiche Gabe freudig begrüßt und mit dem lebhaftesten Dank aufgenommen worden. Die Lehrpläne der Schulen seien inzwischen nach ihnen modificirt und festgestellt; die Präparanden=Lehrer legen das Regulativ vom 2. October 1854 ihrem Unterricht zum Grunde; viele, auch ältere Lehrer, bekennen dankbar, was sie für die Behand= lung des Unterrichts im Ganzen und Einzelnen aus der Beschäftigung mit den Regulativen gewonnen hätten. Der subjectiven Willkür und dem Experimentiren auf dem Gebiete des Elementar=Unterrichts sei durch die gegebenen Vorschriften ein Damm entgegengesetzt, der nicht, ohne mit der geschichtlichen Entwickelung der christlichen Pädagogik in unserem Jahrhundert zu brechen, und nicht ohne Rückschritte zu überwundenen Standpunkten hin durchbrochen werden könne. Den auf diesem Wege vor den Regulativen und nach den Regulativen bewirkten Fortschritt würden sich die vorwärts strebenden Lehrer nicht nehmen lassen. Die erfreulichen Erfolge davon träten immer mehr an's Licht und seien der Regierung nicht verborgen geblieben."

Mit den von der Schulverwaltung stets festgehaltenen Prin= cipien der Regulative stand aber vor Erlaß der letzteren, weil es eben bis dahin an einer bestimmten Zusammen= und Aufstellung derselben gefehlt, und sich in Folge davon, sowie in Folge entgegen= gesetzter persönlicher und litterarischer Einwirkungen vielfach eine an= dere Praxis gebildet, diese Praxis nicht überall im Einklang.

Es geben sich dafür, sowie für die Aufgabe und den Erfolg der Regulative in den Berichten der Regierungen vielfach bestätigende Auffassungen kund.

Es soll als Beleg der Bericht einer Regierung aus den alt= ländischen Provinzen angeführt werden, deren Departements=Rath seit länger als 40 Jahren im Schulfache gearbeitet und seit beinahe 30 Jahren an derselben Regierung das Amt eines Schul=Rathes verwaltet hat, welcher also an allen Bewegungen auf dem Gebiete des Schulwesens seit jener Zeit selbstthätig betheiligt gewesen, und dessen Ansichten nicht das Product theoretischer Construction, sondern thatsächlicher Erfahrungen sind.

Die betreffende Stelle des Berichts lautet:

„Die einklassigen Elementar=Schulen sind in großer Zahl mit Schülern gefüllt und nur zu oft überfüllt, welche unentwickelt und ungeweckt, häufig stumm und sprachlos in die Schulen aufgenommen, diese mehr oder weniger unregelmäßig besuchen, häufig selbst der nöthigsten Lernmittel und jeder häuslichen Anregung und Bildung ermangeln, zu irgend einem dem Schulunterrichte zu Hülfe kom=

menden Privatfleiße nicht Zeit behalten und, heranwachsend unter
dem Drucke der Armuth und des Mangels an den ersten Nothwen=
digkeiten des physischen Lebens, auch meistens in ihrem ganzen Leben
nur den unteren Volksschichten angehören und zu Fortbildung selten
Antrieb und Gelegenheit haben werden."

„Der bildungsfähigere und einer günstigern Lage sich er=
freuende, aber verhältnißmäßig kleine Theil der den niedern Volks=
schulen zunächst auch angehörenden Schuljugend geht meistens frühe
schon in Schulen über, welche von den Regulativen in ihren nor=
mativen Bestimmungen nicht in's Auge gefaßt werden."

„Hieraus folgt, daß es in den genannten Schulen vorherrschend
auf geistige Weckung der Schüler, auf deren Befähigung zum
Sprechen und zu verständlicher Mittheilung, also zunächst auch auf
ihre Bereicherung mit dem ihnen so sehr fehlenden Sprachschatze
und Sprech=Material, und demnächst auf ihre Ausstattung mit den
nothwendigsten, ihnen sicher, gründlich und unverlierbar beizubrin=
genden und practisch nutzbaren Kenntnissen ankommt, womit sich
das unablässige Streben wird vereinigen müssen, ihr Herz und ihre
Gesinnung zu veredeln, also eine christlich religiöse und sittliche
Bildung ihnen zu geben."

„Wird das erreicht, so ist nicht nur das Nöthige und Wün=
schenswerthe für die große Menge der in Betracht kommenden
Schüler geleistet, sondern auch denen, welche bald schon in andere
Schulen übergehen, oder späterhin Antrieb und Gelegenheit zur
Ausbildung haben, die sicherste Grundlage für eine solche gegeben."

„Welche Schwierigkeit es aber hat, und wie wenig es der seit
dem Jahre 1809 in Preußen so eifrig erstrebten Schulverbesserung
im Allgemeinen gelungen ist, die obengedachte Aufgabe zu lösen,
das können und werden die wirklich Sachkundigen, welche sich nicht
durch vereinzelte, auf Kosten des unendlich größeren Theils der
Volksschuljugend erzielte glänzende Leistungen der niedern Schulen
täuschen lassen, und alle diejenigen nicht in Abrede stellen, denen ein
Urtheil über das Maaß der religiösen und sittlichen, wie der intellectuellen Bildung, der Sprech= und Mittheilungsfähigkeit und der
wirklichen Kenntnisse der unteren Volksklassen auf dem Lande zusteht."

„Es kann nur auf Unkenntniß der niedern Schulen und des
Bildungsstandes der untern Volksklassen beruhen, wenn von Ver=
theidigern des sogenannten neuern Volksschulwesens eine solche Treff=
lichkeit unserer Volksschulbildung behauptet wird, daß jeder Ver=
such, ihr eine andere, mehr oder weniger dem Sinne der Regulative
entsprechende Richtung zu geben, als ein unverantwortlicher Rückschritt
von dem Bessern zum Schlechtern, ja als eine Versündigung gegen
Volk und Staat und gegen deren höchste Interessen erscheinen muß.
Die Wahrheit ist, daß es mit den niedern Volksschulen und deren
Leistungen im Allgemeinen besser als der Fall ist, stehen würde,

wenn das General-Land-Schul-Reglement vom 12. August 1763 hinsichtlich des in ihm bezeichneten Umfangs der Unterrichtsdisciplinen und ihrer sicheren Aneignung jemals recht zur Geltung gekommen und zu einer Wahrheit geworden wäre, wenn man zuvörderst wenigstens das Bestreben, es zur Geltung zu bringen, dem im Jahre 1809 und weiterhin begonnenen Unternehmen, den damals meistentheils sehr ungebildeten und zum Theil bildungsunfähigen Elementarlehrern eine freie, höherem Wissen und Forschen angehörige Bewegung und Wirksamkeit in ihren Schulen anzusinnen und zu gestatten, nicht zu sehr nachgesetzt hätte."

„Die Folge des stattgefundenen Verfahrens war, daß aus den Elementarschulen das Gute, was dem alten, freilich fast nur mechanischen Unterrichtsverfahren beiwohnte: die sichere Aneignung einiger Fertigkeiten und Kenntnisse und die feste, wenn auch zunächst nur gedächtnißmäßige Einprägung und Auffassung eines mehr oder weniger reichlichen religiösen Materials aus Bibel, Katechismus und Gesangbuch, allmälig verschwand, und einem meistens ziemlich ungeschickten und ebenso erfolglosen, wie Lehrer und Schüler langweilenden Bestreben, den letzteren eine intellectuelle Bildung — durch sogenannte reine Denk- und Sprech-Uebungen — zu geben, Platz machte."

„Bestrebungen solcher Art wurden von den aus den neuern Seminarien hervorgegangenen Lehrern zwar mit mehr Geschick, gewöhnlich aber mit wenig besserm Erfolge fortgesetzt, weil sie durch keine allgemein bindende Vorschrift und Forderung zu bestimmten, nachweisbaren Leistungen genöthigt, theilweis bald auch einem mechanischen Treiben in ihren Schulen sich überließen, theilweis aber mehr Vergnügen daran fanden und dem Drange nicht zu widerstehen vermochten, alle ihre in den Seminarien erlangten Kenntnisse auch ihren Schülern ohne Rücksicht auf deren Bildungsstand und Fassungsvermögen mitzutheilen, und zufrieden waren, wenn eine kleine Zahl der befähigteren unter diesen glänzendes Zeugniß von ihren Bestrebungen ablegen konnte, während doch die ungleich größere Menge der Schüler nicht die nothwendigste formelle und materielle Bildung verrieth."

„Kann und soll das Alles auch keineswegs gegen die Richtigkeit und Trefflichkeit vieler Principien und Lehren, namentlich der Pestalozzi'schen Schule sprechen, auf denen das neuere Unterrichts-Verfahren angeblich beruhete, und die man durch die Preußischen Unterrichts-Regulative gefährdet glaubt, da vielmehr nur eine sehr verkehrte Anwendung und häufig eine gänzliche Unkenntniß und Nichtachtung jener Lehren und Principien die schon bezeichneten Verirrungen aufkommen ließ: so wird doch kein Sachkundiger die großen Mängel der meisten Elementar- und niedern Volksschulen der damaligen Zeit ableugnen können."

„Der Schuljugend ganzer Schulen und Klassen mit Ausnahme verhältnißmäßig weniger vorzugsweise begabter, oder auch außerhalb der Schule geförderter Schüler fehlte es eben so sehr an Geneigtheit und Fähigkeit zum Sprechen und zu irgend einer befriedigenden Mittheilung ihrer Gedanken, oder des Gehörten und Gelesenen, wie an einer ernsten Haltung und regen Aufmerksamkeit."

„Das Lesen nicht minder als das Aufsagen des Gelernten, das Sprechen der Gebete ꝛc. war selten ein sinngemäßes, noch seltener ein ausdrucksvolles und wohllautendes geworden, und eine auch nur leidlich genügende Befähigung zu schriftlicher Gedanken-Mittheilung von sehr wenigen Schülern erlangt. An einem Vorrathe von religiösem, auch nur dem Gedächtnisse eingeprägtem, geschweige denn mit Herz und Verstand aufgefaßtem Material aus Bibel, Katechismus und Gesang= buch fehlte es auf betrübende Weise; das Rechnen wurde bald sehr mechanisch, bald sehr unpractisch betrieben, und eine Menge von Schulen bekundete das unverständige Bemühen der Lehrer, Erdkunde, Physik, Geschichte u. s. w. in wissenschaftlicher Form und in weitem Um= fange zu lehren, während ihre Schüler die nothwendigste Bekanntschaft mit der Heimath und vaterländischen oder biblischen Geschichte, mit der sie umgebenden Natur und mit den alltäglichsten Natur=Erscheinungen vermissen ließen und darüber nicht Rede und Antwort, und noch weniger genügende Erklärung zu geben im Stande waren."

„Haben gegen solche Uebelstände sicherlich auch die meisten Schul= aufsichtsbehörden mehr oder weniger eifrig angekämpft, so hat ihr Bemühen doch dem Strome der Zeit, dem Sinne und Streben der Lehrer und selbst der Ansicht und Neigung vieler Schulaufseher im Allgemeinen zu wenig eine andere Richtung geben können, weil es eben an allgemein bindenden, stringenten Vorschriften hinsichtlich der Gestaltung, des Umfangs und Ziels des Elementar= und Volks= Schul-Unterrichts fehlte."

„Hatten nun die Preußischen Unterrichts=Regulative vom Jahre 1854 den Zweck, einem so ungeregelten Zustande des Elementar= und Volksschulwesens ein Ende zu machen, und statt des willkür= lichen und beliebigen Verfahrens im Unterrichte bestimmte Vorschrift Regel und Ordnung, statt einer kalt rationellen oder intellectuellen Bildung eine vorherrschend christlich=religiöse Tendenz der ganzen Schulbildung, statt des oberflächlichen Vielerlei eine Vereinfachung und Vertiefung des Unterrichts mit gründlicher Behandlung des auf das Nothwendige beschränkten Unterrichts=Stoffs und statt des Stre= bens, Wissenschaft und höhere Kenntnisse in die Volksschulen zu bringen, eine faßliche und nachhaltige Unterweisung der Volksschuljugend in dem, was gemeinnöthig und nützlich und practisch anwendbar ist, eintreten zu lassen: so konnte es nicht fehlen, daß die Ausführung der neuen Anordnungen vielen Anfechtungen und Widerwärtigkeiten, auch von Seiten der Lehrer und selbst sehr intelligenter Lehrer be=

gegnen mußte, weil sie ihrem gewohnten Streben und Thun zu ent-
sagen, genöthigt wurden und zum Theil durch den geforderten müh-
sameren Unterricht ihre Bequemlichkeit, zum Theil auch durch die
gebotene Beschränkung ihrer vermeinten Leistungen ihr Ansehen gefährdet glaubten."

„Deshalb und unter fortwährend nachtheiliger Einwirkung von
principiellen, mit den niedern Schulen und mit der in denselben zu
bildenden Schuljugend wenig bekannten Gegnern der Regulative hat
die Einführung und noch mehr die durchgreifende Ausführung dieser
auch in den Schulen selbst nicht geringe Schwierigkeiten und so vielfachen Widerstand gefunden, daß ihre Wirksamkeit sich im Grunde
auf die kurze Zeit von drei bis vier Jahren beschränkt, in welcher
natürlich noch nirgends eine vollständige Ausbildung der Schuljugend nach Maaßgabe der Regulative möglich gewesen ist."

„Diejenigen Schulen aber, in denen letztere mit Verstand und
gutem Willen befolgt sind, sprechen allerdings für deren heilsame
Wirksamkeit, und lassen je mehr und mehr ein erfreuliches Gedeihen
der großen Menge der Schüler erwarten."

„Die durch Forderung bestimmter und nachweisbarer, leicht zu
controlirender Leistungen dem Lehrer abgenöthigte, kräftige und be-
harrliche Einwirkung auf alle seine Schüler und die Nöthigung dieser, das Empfangene richtig und vollständig wieder mitzutheilen, hat
eine regere Aufmerksamkeit und geistige Spannung der Schuljugend
zur Folge gehabt, und durch die sichere Auffassung und durch das
verständliche, zusammenhängende und fließende Wiedergeben des ihr
mitgetheilten reichlichen, durch den Ministerial-Erlaß vom 19. November 1859 erwünschtermaaßen, aber auch hinreichend ermäßigten
Memorirstoffs erlangt sie das, was sonst in den Schulen in so un-
glaublichem Maaße fehlte, nämlich: Sprachreichthum, Sprachfertig-
keit und Muth und Geneigtheit zur mündlichen Mittheilung, was
durch die früher üblichen sogenannten reinen Denk- und Sprach-Ueb-
ungen in den niederen Schulen bei der Beschaffenheit ihrer Schüler
und der meisten Lehrer aus leicht begreiflichen Gründen fast nie und
nirgends erreicht worden ist. Es kann diese Frucht und Wirkung der
Regulative nicht hoch genug angeschlagen werden, eine Frucht und
Wirkung, welche selbst bei einem auch nur mechanischen, freilich sehr
ungenügenden und tadelnswerthen Einprägen, Auffassen und Wiedergeben des Memorirstoffs doch in bedeutendem Maaße erzielt wird."

„Wird nun aber, wie es doch schon in vielen Schulen, und namentlich von den seit etwa fünf Jahren in den Seminarien gebildeten Lehrern geschieht, nicht nur mechanisch, sondern mit Verstand,
Einsicht und eingehender Bemühung nach Vorschrift der Regulative
verfahren, so zeigt sich auf die erfreulichste Weise, welchen weckenden
belebenden und bildenden Einfluß die Ausführung des Angeordneten
auch auf das Innere der Schüler hat, welche nun so richtig und

finngemäß, zusammenhangend und fließend, ja ausdrucksvoll und wohllautend sprechen und aufsagen, lesen und erzählen, mit eigenen Worten und Wendungen sich mittheilen, daß ihre Selbstthätigkeit und rege Betheiligung ihres Herzens und Verstandes nicht zu verkennen ist. Kommt dazu noch, daß der ihnen dargebotene, aus Bibel, Gesangbuch und Katechismus entnommene sogenannte Memorir-Stoff der bestmögliche und die gesundeste Nahrung für sie sein soll und kann, welche sie nun unverlierbar in's Leben mit sich nehmen und mit stets sich mehrender Kraft in sich tragen: so dürfen die wirklich auf dem Grunde der Regulative stehenden und wirkenden Schulen für gute und ihrem Zwecke entsprechende Volksschulen erklärt werden."

„In ihnen ist auch mit Befriedigung wahrzunehmen, daß die Kinder durch die ihnen zu Theil werdende Bereicherung mit Sprach-Material und durch die vielfachen Uebungen im Sprechen und in zusammenhangender mündlicher Mittheilung leicht und schnell zu einiger Fertigkeit in der schriftlichen Mittheilung, welche sonst fast überall am wenigsten befriedigt hat, gelangen, daß sie im Rechnen das Nöthige mit verständiger Angabe der Art und der Gründe ihres Verfahrens leisten und die nothwendigen Real-Kenntnisse, namentlich aus der Heimathskunde, vaterländischen Geschichte ꝛc. mit reger Theilnahme und Sicherheit auffassen und nachweisen."

„Es zeichnen sich demnach diese Schulen hinsichtlich ihres Zustandes und ihrer Leistungen schon jetzt vortheilhaft vor den gleichartigen Schulen sonstiger Art aus, und es wird sich ohne Zweifel eine segensreiche Wirksamkeit der Regulative desto mehr herausstellen, je länger, je durchgreifender und je geschickter ihnen Folge gegeben werden wird."

Es muß ausdrücklich bemerkt werden, daß die hier mitgetheilten Anschauungen selbstverständlich sich nicht auf alle einklassigen Elementarschulen und nicht auf alle ihnen zugewiesenen Schichten der Bevölkerung beziehen sollen; daß sie aber für einen sehr großen Theil zutreffen, steht außer Zweifel, und werden mit Rücksicht hierauf auch immer die Anforderungen an Leistungen und Ziel der einklassigen Elementarschulen zu bemessen sein.

Hiervon ausgehend haben die Regulative vom 1. und 3. October 1854 es versucht, die Bildung der Lehrer und die Aufgabe der Elementarschule in ihren Grundzügen so zu construiren, daß das unabweisliche Bedürfniß überall zu seinem Rechte kommt, und das innerhalb berechtigter Gränzen Mögliche in seiner Entwickelung nirgends beschränkt wird. Während keine der zum Bericht aufgeforderten Behörden behauptet, daß nach irgend einer Seite hin durch Anwendung der Regulative die Lehrerbildung gegen früherhin mangelhafter, oder die Leistungen der Schule geringer und ungenügender

geworden seien, auch von keiner Behörde gegen die zu Grunde lie=
genden Principien Einrede und Ausstellung erhoben wird, treten in
denjenigen Bezirken, wo die Verhältnisse eine rasche und energische
Durchführung der Regulative möglich gemacht haben, sehr entschie=
dene und greifbare Resultate hervor, die z. B. das Provinzial=Schul=
Collegium von Schlesien, wo die Seminarien schon im Jahre 1849
unter dem Ministerium Ladenberg auf Grund der später in dem
Regulative veröffentlichten Principien eingerichtet wurden, in Fol=
gendem zusammengefaßt:

„Es läßt sich bis in's Einzelne nachweisen, daß in den Schul=
lehrer=Seminarien seit 1850 bedeutend umfangreichere und gedie=
genere Leistungen erzielt worden sind, als dieses früher der Fall war.
Der Lehrstoff ist in allen Fächern gesichtet, auf ein berechtigtes
Maaß zurückgeführt, theils erweitert, theils vertieft, in jeder Hin=
sicht dem wirklichen Bedürfniß der Volksschule und dem Leben ent=
sprechend geordnet und eingerichtet worden, was früher in keinem
Unterrichtsgegenstande in solchem Maaße der Fall war. An die
Stelle von Abstractionen ist durchweg ein concreter, lebensvoller In=
halt getreten."

„Die Methode des Unterrichts ist eine unbestreitbar bessere
geworden; aller geisttödtende Mechanismus ist principiell entfernt,
und eine lebendige, auf Durchdringung des Stoffes, innerliche An=
eignung und Verarbeitung des Vorgetragenen abzielende und zu
sicherem Können und freier Aussprache über das Gelernte führende
Behandlung ist an die Stelle einer mehr oder weniger äußerlichen
Aneignung getreten."

„Die Unterrichtstüchtigkeit und das Lehrgeschick der Zög=
linge hat gegen früher bedeutende und hervorstechende Fortschritte
gemacht, so daß in Folge sowohl der Beherrschung des richtig aus=
gewählten und zum vollen Verständniß gebrachten Lehrstoffes als der
im Unterricht selbst hervortretenden und durch faßliche Anleitung
zum Bewußtsein gebrachten erfolgreichen Methode die befriedigend=
sten Leistungen in den Seminar=Uebungsschulen hervorgetreten sind,
welche die früheren Erfolge weit übertreffen."

„Wird mit diesem Fortschritt im Unterricht die bescheidene und
ernste, von Liebe und Eifer für den erwählten Beruf zeugende Hal=
tung der Seminaristen, welche von einem sittlich gehobenen, geistig
geweckten und innerlich erkräftigten Sinne begleitet ist, zusammen=
gehalten, so kann es keinem Zweifel unterliegen, daß die Seminarien
gegen früher auf eine namhaft höhere Stufe der Entwickelung ge=
bracht worden sind."

„Es würde uns nicht schwer fallen, dieses allgemeine Urtheil
durch näher eingehende Beleuchtung des früheren Zustandes im Ver=
hältnisse zum jetzigen in jedem einzelnen Unterrichtszweige auf un=
widerlegliche Weise zu erhärten."

„Wir beschränken uns auf die beiden Unterrichtszweige: Rel i =
g i o n und deutsche Sprache."

„In der Religion wurde früher die biblische Geschichte sehr
dürftig behandelt; nur für deren Vortrag in der Seminar=Uebungs=
Schule fand eine Anleitung statt; eine Einführung in das Ver=
ständniß, eine Beziehung derselben zum Katechismus, um denselben
fruchtbar zu beleben und in Verbindung mit dem biblischen Ge=
schichtsstoff zu setzen, fand nicht statt."

„Der Katechismus = Unterricht wurde als Glaubens= und Sit=
tenlehre mehr oder weniger abstract in viel zu umfangreicher Weise
ertheilt. Zu einer freien Aussprache über den Inhalt und das Ver=
ständniß der Katechismusstücke kam es nicht."

„Die Einführung in die heilige Schrift erfolgte in einer soge=
nannten Bibelkunde auf eine wenig anregende Weise."

„Die Hauptstellen der heiligen Schrift, selbst die Beweissprüche
zum Katechismus, wurden unsicher gelernt und ungeschickt angewandt,
wie dies aus den Berichten über die betreffenden Seminarien her=
vorgeht."

„Dem Kirchenliede wurde geringe Aufmerksamkeit geschenkt; die
Zöglinge konnten nur wenige Liederverse auswendig, und waren nicht
einmal in deren Verständniß eingeführt."

„Dagegen wurde auf eine ausführliche Kirchen= und Dogmen=
Geschichte viel Zeit verwendet, während der für die Schule unent=
behrliche Lehrstoff großentheils unbeachtet blieb."

„Die Katechesen der Seminaristen litten an leeren Abstractionen
und bewegten sich in unfruchtbarem Formalismus."

„Seit 1850 ist es anders geworden."

„Die biblische Geschichte wird eingehend und anregend behan=
delt und gelangt zu demjenigen inneren Verständniß und sicheren
Bewußtsein, welches allein eine lebendige Vortragsweise in der Volks=
schule vermitteln kann. Die Beziehungen der einzelnen biblischen
Geschichten zu den betreffenden Katechismusstücken werden hervor=
gehoben. Spruch und Kirchenlied treten belebend hinzu. Biblische
Geographie macht unter Benutzung der Karte den Schauplatz der
Begebenheiten anschaulich. Das Lesebuch bietet naturgeschichtliche
und geographische Bilder aus dem heiligen Lande."

„An die biblische Geschichte reiht sich das Bibellesen und führt
von dieser festen Grundlage aus in den Zusammenhang der Geschichte
des Reiches Gottes ein."

„Der Katechismus=Unterricht geht von einem richtigen Verständ=
nisse des Wortinhalts aus, und erweitert sich von concreten Aus=
gangspunkten zu einer schriftgemäßen, auf biblische Geschichte, Peri=
kopen, Spruch und Kirchenlied, sowie auf Beispiele aus dem Er=
fahrungsleben basirten Auslegung, welche Herz und Gemüth zu be=
fruchten geeignet ist. Die Seminaristen sprechen sich in freiem, zu=

sammenhängendem Vortrage über jede ihnen vorgelegte Stelle des Katechismus mit innerer Betheiligung und klarer Auffassung fließend aus und wissen Schriftstellen und Kirchenlied zweckmäßig zu verwerthen."

„Demgemäß sind auch die abstracten Definitionen und Redensarten aus den Lehrproben über den Katechismus verschwunden und es wird den Schülern eine wortgetreue und sachlich anschauliche, anregende Einführung in den Inhalt vermittelt, während der biblische Stoff mit Sicherheit gehandhabt wird."

„Die Vortheile einer solchen Behandlungsweise leuchten sofort ein und sind in den Schulen allgemein anerkannt worden."

„Ebenso einleuchtend ist der Fortschritt, welchen der Unterricht in der deutschen Sprache gewonnen hat."

„Früher wurde dieser Unterricht auf
1) Lesen,
2) Sprachlehre und
3) Stylübungen
beschränkt."

1) „Das Lesen hatte ausschließlich die Leseübung zum Zweck, nach den Kategorien: mechanisches, logisches und schön Lesen. Aneignung des Inhaltes, Uebung im Wiedergeben, Erzählen des Gelesenen nach längerer Zeit lag außerhalb des Zweckes."

2) „Die Sprachlehre machte den eigentlichen Unterricht aus; es wurden darauf wöchentlich 1—2 Stunden in allen Curien verwendet. Es war Logik im Anschluß an die Sprache nach Becker'schen Grundsätzen. Erklärung und Aneignung eines poetischen Normalstoffes aus der Litteratur, welche durch Declamationsübungen nicht ersetzt werden konnten, Lesen und Referiren aus Büchern der Privatlectüre lag ganz außerhalb des Lehrplans. Es geschah Seitens des Seminars Nichts, die Seminaristen mit der Litteratur, d. h. mit den für sie geeigneten litterarischen Erscheinungen durch eigene Lectüre bekannt zu machen, noch ihren Geschmack und Gesichtskreis durch litterarische Stoffe zu läutern und zu erweitern, noch diese zu einer Grundlage für ihre stylistischen Uebungen zu machen."

3) „Die Stylübungen waren Erzeugnisse des weder sprachlich gebildeten, noch durch fremde Gedanken und Anschauungen bereicherten, sich selbst überlassenen Geistes und Geschmackes der Seminaristen. Es ist bekannt, was für Fehlgriffe in der Wahl der Themata gemacht wurden."

„Die in den Seminarien gebrauchten Lesebücher entsprachen dem Bedürfniß in keiner Weise. Wenn Lesestücke zergliedert wurden, geschah es nur nach der trockenen grammatisirenden Methode, um irgend eine sprachliche Regel nachzuweisen."

„Jetzt hat der gesammte Sprachunterricht den einheitlichen Zweck eine fruchtbare Unterweisung in der Volksschule an der Hand des Lesebuches zu erzielen und Sicherheit in der Handhabung des mündlichen und schriftlichen Ausdruckes an der lebendigen Erfassung eines richtig gewählten Stoffes zu bewirken. Die Trennung von Lern- und Lesestoff, die Hervorhebung der sachlichen Besprechung, die Uebung im freien Vortrage, die Einführung in die Litteratur der Volks- und Jugendschriften sind ebenso geistesbildend, als unentbehrlich für einen Volksschullehrer."

„In ähnlicher Weise ließe sich die Vergleichung durchführen; wir erwähnen nur, daß in einem Seminar früher die Geschichte der Arier, der Inhalt der Zendavesta 2c. in der Weltgeschichte vorgetragen und gelernt wurde, während die Zöglinge kein Lebensbild aus der vaterländischen Geschichte zu erzählen vermochten." —

In ähnlicher Weise sprechen sich die Provinzialbehörden von Preußen, Pommern, Posen, Brandenburg und Sachsen aus. Für die Rheinprovinz wird bemerkt, daß die beiden dortigen evangelischen Seminarien schon seit länger als 20 Jahren wesentlich auf den Principien der Regulative gestanden hätten, und hier durchgreifende Umänderungen nicht erforderlich gewesen seien; werde aber in der Vergleichung der jetzigen Lehrerbildung mit der noch früheren zurückgegangen, bemerkt Eine Regierung für ihren Bezirk, so hätten die früheren Lehrer der Mehrheit nach in ihren Kenntnissen, ihrer Bildung und ihren Leistungen hinter den gegenwärtigen zurückgestanden, und die besseren und ausgezeichnetern derselben hätten sich namentlich in der Bildung ihrer Schüler für das practische Geschäftsleben und für ein allgemeines und vielerlei Wissen hervorgethan, während man sich jetzt auf das Nothwendige beschränke, dieses gründlich betreibe, und ein religiös christlicher, sowie entschieden patriotischer Geist die Schulen in segensreichem Einfluß auf Familie, Staat und Kirche durchdringe.

Nur für die Provinz Westphalen wird von Einer Regierung bemerkt, daß die Bildung der Seminaristen nicht überall für das Bedürfniß der Mittel- und Fortbildungsschulen ausreiche, ohne daß behauptet wird, es sei vor Einführung der Regulative anders gewesen. Ueberhaupt aber wird geltend gemacht, daß in dieser Provinz die Präparandenbildung noch sehr Vieles zu wünschen übrig lasse, und in Folge hiervon die Seminarien in ihrem Fortschreiten behindert würden. Hiervon wird weiter unten die Rede sein müssen.

Dieses sind die Auffassungen und Erfahrungen der Provinzial-Behörden über Aufgabe und Wirksamkeit der Regulative im Allgemeinen. Dieselben stehen mit dem von dem Minister des Unterrichts stets geltend gemachten Ansichten und mit den Anschauungen, welche die Unterrichts-Commission des Hauses der Abgeordneten in dem

Bericht vom 15. Mai 1860 niedergelegt hat, in voller Uebereinstimmung. —

Hiernach kann zur Darlegung der Ansichten über die von einer Seite als wünschenswerth bezeichnete weitere **Verminderung des sogenannten religiösen Memorirstoffes in der Elementarschule und bei der Vorbereitung der Seminar-Präparanden übergegangen werden.**

Es ist zunächst der Umfang dieses Memorirstoffes, wie ihn die Regulative vom 2. und 3. October feststellen, zu bezeichnen.

  a. In der Elementarschule sollen fest memorirt werden:
1) 30 Kirchenlieder,
2) der in der Gemeinde eingeführte kirchliche Katechismus, welcher in den meisten Fällen der Katechismus Luthers ist,
3) höchstens 180 Bibelsprüche,
4) an Gebeten: das Vater-Unser, der Morgen- und Abendsegen, das Segens- und das Dankgebet bei der Mahlzeit, sowie das allgemeine Kirchengebet und sonstige feststehende Theile des liturgischen Gottesdienstes,
5) die Sonntagsevangelien.

  b. Hierzu treten für die Seminar-Präparanden:
1) 20 Kirchenlieder,
2) 18 Psalmen und die messianischen Weissagungen.

Das Regulativ bestimmt nicht, daß der Präparand außer den in der Elementarschule schon gelernten 180 Bibelsprüchen noch mehrere hinzulernen soll. Daß dieses auch nicht Absicht des Regulativs gewesen, beweist die unter'm 4. August 1858 bestätigte Anweisung zur Präparandenbildung für die Rheinprovinz (Centralblatt 1860 S. 210 Nr. 89), wo in §. 7. ausdrücklich die für die Elementarschule bezeichnete Auswahl auch als Norm für den Präparanden-Unterricht aufgestellt wird.

Wenn nun eine Verminderung dieses Memorirstoffes gewünscht wird, so kann, da keiner der bezeichneten Stoffe als unnöthig oder unwürdig angezweifelt wird, der Grund dafür nur darin liegen, daß **man entweder die verlangte Gedächtnißübung für überhaupt zu umfangreich, oder doch für so groß hält, daß durch sie die anderweite geistige Bildung behindert werde.**

Es soll hier zunächst das Verhältniß der **Elementarschule** beleuchtet werden.

Die Unterrichtszeit der Elementarschule dauert mindestens 7 Jahre und kann sich auf 9 Jahre erstrecken. Auf diesen Zeitraum sind die oben bezeichneten Pensa zu vertheilen. Daß das Regulativ vom 3. October ebensowohl eine richtige, den Bildungsstufen des Kindes entsprechende Auswahl des Stoffes, als die

3

Fernhaltung zu großer Stoffmassen verlangt, geht, wenn auch von seiner ganzen Tendenz abgesehen und auf einzelne Bestimmungen Bezug genommen werden soll, unter Anderem daraus hervor, daß auf den Unterschied des in der heiligen Schrift enthaltenen „Milch und starke Speise" ausdrücklich hingewiesen, daß für die beiden ersten Schuljahre nur eine sehr geringe Anzahl von biblischen Geschichten zum Unterricht vorgeschrieben, daß bestimmt wird, bis zum 10. Lebensjahre der Kinder solle nur der eigentliche Text des Katechismus, und von da ab erst die Erklärung desselben memorirt werden, und daß durch die vorgeschriebene stetige Uebung der Wochensprüche und des Wochenliedes das Erlernen der Bibelsprüche und der Kirchenlieder wesentlich erleichtert wird.

Nun ist aber durch die jetzige Berichtserstattung wiederholt dargethan worden, daß das genannte Regulativ den religiösen Memorirstoff, wie er in vielen Bezirken früher üblich war, erheblich vermindert hat. Dies wird namentlich hinsichtlich der Kirchenlieder, der zu memorirenden Gebete und zum Theil hinsichtlich der Bibelsprüche hervorgehoben. Noch die vor etwa 25 Jahren vom General-Superintendenten Dr. Möller herausgegebenen „Unterlagen der christlichen Gotteserkenntniß für die Volksschule", welche in vielen Bezirken der Provinz Sachsen maaßgebend geworden sind, bestimmen für einen vierjährigen Cursus 80 Kirchenlieder zum Auswendiglernen; das Regulativ bestimmt deren nur 30. Wenn früher für die zu erlernenden Bibelsprüche kein Maximum festgesetzt war, so hat die Erfahrung erwiesen, daß die jetzt bestimmte Maximalzahl von 180 Sprüchen früher vielfach und in erheblichem Umfang überschritten worden ist. Die Anzahl von Gebeten, welche nach dem Regulativ in der Elementarschule memorirt werden sollen, bleibt nach der Aeußerung der Regierungen in den meisten Bezirken gegen die seit lange übliche und von der Bevölkerung geforderte weit zurück. Außerdem ist zu bemerken, daß die sämmtlichen im Regulativ vorgeschriebenen Gebete in den seltensten Fällen erst oder nur in der Schule memorirt zu werden brauchen: das Vater Unser, die Tisch-, Morgen- und Abendgebete bringen die Kinder von Hause mit, das allgemeine Kirchengebet und die feststehenden Theile des liturgischen Gottesdienstes hören, resp. sprechen sie sonntäglich im Gottesdienst; die Schule hat hier nur nachzuhelfen, zu verständigen, zu befestigen.

Sonach bleibt die vielleicht auf den ersten Anblick durch ihren Umfang imponirende Zahl der sonn- und festtäglichen Evangelien übrig. Mit der Forderung, diese zu memoriren, ist für die wenigsten Bezirke etwas Neues angeordnet; es wird von einzelnen Regierungen bemerkt, das Lernen der Evangelien sei für die Schule so etwas Herzebrachtes und lieb Gewordenes, daß die betreffende Bevölkerung leichter das Erlernen des Katechismus, als das der Evangelien vermissen würde.

Die Schwierigkeit, die gestellten Aufgaben zu bewältigen, wird aber auch leicht überschätzt, wenn nicht erwogen wird, daß auf jedes Schuljahr höchstens 7 bis 9 Evangelien kommen, daß eine große Anzahl derselben den Kindern durch den Unterricht in der biblischen Geschichte bekannt und geläufig wird, daß sie dieselben sonntäglich in der Kirche verlesen und hier häufig, sowie wöchentlich in der Schule erklären hören, wobei auch davon abgesehen werden mag, daß die Evangelien vielfach der häuslichen Erbauung und Andacht zu Grunde liegen.

Ueberhaupt ist aber bei Beurtheilung der der Elementarschule durch das Regulativ angesonnenen Memorirthätigkeit nicht zu übersehen, daß diese nicht als etwas Isolirtes und für sich Stehendes, sondern daß mit ihr überall und auf das Nachdrücklichste die vorhergegangene Erklärung, das volle Verständniß, die geistige Aneignung gefordert wird.

Die Berichte der Regierungen thun dar, wie in der Zusammenfassung dieser beiden Forderungen ein sehr bedeutender und wirksamer Fortschritt gegen die vielfach bestandenen Einseitigkeiten erzielt worden ist, daß nämlich ohne Erklärung nur mechanisch memorirt wurde, oder daß, bei der Neigung zu dem sogenannten Katechisiren, ohne sichere Einprägung des Stoffes durch die solcher Grundlagen ermangelnden, von dem Kern der Sache abschweifenden Besprechungen nur eine flüchtige und oberflächliche geistige Berührung der Kinder ohne nachhaltige Einwirkung auf ihr Gemüth hervorgerufen wurde, und nur schattenhafte, für die sichere und gedeihliche Entwickelung des inneren geistigen Lebens ziemlich bedeutungslose Reminiscenzen erzielt werden konnten.

Sodann wird ein für die geistige Durchbildung der Kinder wesentliches und deren Memorirthätigkeit in hohem Maaße erleichterndes und unterstützendes Moment darin erkannt, daß das Regulativ ein stätes Ergänzen der verschiedenen Unterrichtsstoffe durch einander und ein stätes Beziehen derselben auf einander fordert, wodurch also bei dem Religionsunterricht biblische Geschichte, Katechismus, Spruch und Lied in die richtige Wechselwirkung gesetzt, zu einer organischen Einheit gestaltet werden, die Einprägung der einzelnen Stoffe aber erheblich erleichtert wird.

Nach diesen Darlegungen erscheint die Frage wohl berechtigt, wie es unter solchen Umständen denn überhaupt möglich gewesen, daß in so nachdrücklicher und zum Theil aufgeregter Weise über Belastung der Schüler mit Memorirthätigkeit habe geklagt, und diese dem Regulativ habe zum Vorwurf gemacht werden können.

Auf die Ansicht, daß diese Klagen zum großen Theil von principiellen Gegnern der Regulative ausgegangen und nur als ein Vorwand anzusehen seien, um gegen die Beibehaltung des objectiven

3*

und positiven christlichen Inhalts in der Elementarschule und gegen die Gründung des geistigen Volkslebens auf solchen Inhalt zu operiren, kann und braucht hier nicht weiter eingegangen zu werden. Es liegt schon ein ausreichender Erklärungsgrund in den Regulativen selbst und in der zu Anfang und zum Theil irrthümlichen und verkehrten Ausführung der betreffenden Bestimmungen vor.

In den Regulativen selbst, indem in diesen zum erstenmal seit Emanation des General-Land-Schulen-Reglements die berechtigten, und wo nicht gegen die Absichten der Regierung verfahren war, auch in der Praxis festgehaltenen Anforderungen an die positiven Resultate des evangelischen Religionsunterrichtes eben als berechtigte und allgemein gültige Forderungen und Aufgaben ohne jede Concession gegen subjective und negative Tendenzen wieder auf= und zusammengestellt waren.

Hatten letztere allmäligen Sieg auf indirectem Wege erwartet, so war allerdings diese Hoffnung durch die Regulative zerstört, und die stricten Anforderungen der letztern an die Gedächtnißkraft wurden mit Ignorirung seiner eben so bestimmten und noch weiter gehenden Anforderungen an Verständniß und geistige Durchbildung der Elementarschule zum Angriffspunkt gewählt, wobei es nicht schwer war, in denjenigen Kreisen, welchen in glaubensdürftigen Zeiten des kirchlichen Bewußtseins und Lebens das dem Volk gebührende Eigenthum abhanden gekommen war, Furcht vor starrem Kirchenthum und Mechanisirung des geistigen Lebens zu erzeugen.

Die eingegangenen Berichte ergeben aber noch in weiterem Maaße, als es dem Ministerium seither schon bekannt war, daß besonders nach zwei Seiten hin Mißgriffe in Ausführung der Regulative gemacht worden sind, welche da, wo sie vorgekommen, die Klagen über zu große Belastung der Elementarschule mit religiösem Memorirstoff nicht unberechtigt erscheinen lassen.

Zunächst kommt hier die falsche, den Bestimmungen der Regulative nicht entsprechende Behandlung der biblischen Geschichten in Betracht, welche vielfach theils aus Mißverstand jener Bestimmungen, theils von nicht ausreichend befähigten oder trägen Lehrern lediglich als Memorirstoff behandelt worden sind. Die hierauf bezügliche Klage, soweit sie gegen die Regulative gerichtet ist, gehört indessen nach Erlaß der Circular-Verfügung vom 19. November 1859 der Vergangenheit an und kann ferner nur soweit in Betracht kommen, als die nächsten Organe der Schulaufsicht solches offenbare Zuwiderhandeln gegen die Regulative beseitigen und verhüten. Von sämmtlichen Regierungen ist dieserhalb theils schon vor Erlaß der gedachten Circular-Verfügung, jedenfalls nach demselben das Erforderliche und Ausreichende angeordnet worden.

Sodann aber, und diese Wahrnehmung macht die erhobenen Klagen in vielfacher Beziehung erklärlich, ist gleich nach dem Er-

scheinen der Regulative, wo bisher in dem Religionsunterricht Ver=
säumniß stattgefunden hatte, der auf 7 bis 9 Jahre zu vertheilende
Memorirstoff auf eine verhältnißmäßig kurze Zeit zusammengedrängt,
und es sind dadurch Lehrer und Schüler nicht nur beschwert, sondern
es ist auch in einzelnen Fällen der Gesammtunterricht der Schule
beeinträchtigt worden. Es hat manchen Lehrern und Schulaufsehern
an der Einsicht und Geduld gefehlt, den Lehrplan der einklassigen
Elementarschule den Forderungen des Regulativs überall entsprechend
allmälig zu gestalten und die Gesammtthätigkeit der Schule orga=
nisch erwachsen zu lassen. Es hat auch Geistliche gegeben, welche die
Schule zunächst nur als eine Vorbereitungs=Anstalt für den Confir=
manden=Unterricht in Anspruch nahmen, und so sollte denen, welche
demnächst als Confirmanden eintraten, der auf neun Jahre berech=
nete und zu vertheilende Lernstoff mit Einbringung der verlorenen
und versäumten Zeit oft in zwei Jahren nachträglich beizebracht
werden. Daß hierbei Ueberlastung und Einseitigkeit nicht vermieden
werden konnte, liegt auf der Hand. Die Regierung in Cöln be=
merkt ausdrücklich, daß dem Regulativ selbst als Fehler vorgeworfen
werde, was früheres Ungeschick und Mißgriffe seitens der Lehrer ver=
schuldet gehabt.

Diese Einseitigkeiten und Uebertreibungen haben aber nur Er=
gebnisse und Eigenthümlichkeiten der ersten und der Uebergangs=Zeit
sein können: sie sind durch die nunmehr in den einzelnen Bezirken
aufgestellten und seit längerer Zeit schon in der Ausführung begrif=
fenen Normal=Lehrpläne beseitigt, resp. wird es unausgesetzte Auf=
gabe der Königlichen Regierungen bleiben, sie weiterhin fern zu
halten.

Diese Aufgabe wird von Jahr zu Jahr leichter auszuführen sein,
indem aus den wohleingerichteten Seminarien immer mehr tüchtig
vorbereitete und der Behandlung der Regulative kundige Zöglinge
in das Lehramt übertreten. —

Von keiner der Königlichen Regierungen (mit Einer
Ausnahme, von welcher weiter unten die Rede) wird
der durch das Regulativ für die Elementarschule vor=
geschriebene religiöse Lernstoff, dessen richtige Ver=
theilung vorausgesetzt, als zu groß bezeichnet. Die
meisten erklären sich auf das Bestimmteste gegen eine Verringerung
desselben, wobei dessen günstiger Einfluß auf die gesammte und na=
mentlich die sprachliche Bildung der Jugend hervorgehoben wird.

Nur bei fünf Regierungen sind singuläre Erfahrungen und Auf=
fassungen bemerklich zu machen.

Eine Regierung hat wegen der großen Anzahl der in ihrem
Bezirk vorhandenen Halbtagsschulen und dadurch natürlich vermin=
derter Arbeitskraft der Schule die Zahl der zu erlernenden Sprüche
auf 120 festgesetzt und hinsichtlich der einzuprägenden Evangelien

eine Auswahl getroffen, auch die Zahl von 60 biblischen Geschichten als solche bezeichnet, welche sicher gewußt werden sollen.

Es kann hier nur Aufgabe der Verwaltung sein, die Schulen selbst je länger je mehr in den normalmäßigen Zustand zu bringen, um ihnen normalmäßige Leistungen möglich zu machen.

Eine andere Regierung, in deren Bezirk die Zahl der wöchent= lichen Schulstunden 26 beträgt, findet das Pensum der biblischen Geschichte nach den Historienbüchern von Zahn und Preuß zu groß und schlägt vor, daß etwa 100 biblische Geschichten nach den Hauptgrundzügen den Kindern genau bekannt werden sollen, wäh= rend bei den übrigen die Kenntniß des kurzen wesentlichen Inhalts genügen müsse.

Bei diesem Vorschlag ist zunächst übersehen, daß die biblischen Geschichten überhaupt nicht zu dem sogenannten Memorirstoff ge= hören. Dann aber ist auch dabei die Bedeutung der biblischen Ge= schichte für die gesammte religiöse Ausbildung der Jugend in einem Sinn aufgefaßt, welcher mit der hervorragenden Stellung, welche derselben durch das Regulativ eingeräumt wird und die ausdrückliche Billigung des vorjährigen Commissionsberichts des Hauses der Ab= geordneten gefunden hat, unvereinbar ist.

Eine dritte Regierung nimmt daran Anstoß, daß das Regula= tiv die Anforderungen an die Memorirthätigkeit der Schüler durch bestimmte Maximalzahlen fixirt, und wünscht, daß zu der früher üb= lichen Unbestimmtheit der Anforderungen, wie sie sich z. B. in dem Ge= neral=Land=Schul=Reglement von 1763 vorfindet, zurückgekehrt werde.

Diesem ganz isolirt stehenden Verlangen, hinsichtlich dessen es nach reichlich gemachten Erfahrungen sehr fraglich ist, ob durch dessen Gewährung der Memorirstoff vermindert werden dürfte, wird sowohl im Interesse der religiösen Bildung, als des der Schule gegen übertrie= bene Anforderungen zu gewährenden Schutzes keine Folge zu geben sein.

Eine Regierung der Rheinprovinz wünscht den Wegfall des Erlernens der Sonntags=Evangelien und die Ermäßigung der zu memorirenden Kirchenlieder auf 20. Sie läßt sich dabei hauptsäch= lich mit von der Erwägung leiten, daß der in der genannten Provinz neu zur Einführung gelangte „evangelische Katechismus", sowie der Heidelberger Katechismus an die Memorirthätigkeit der Schüler so große Anforderungen mache, daß eine Erleichterung auf anderer Seite wünschenswerth erscheine. Mit Rücksicht darauf, daß die betreffen= den Bestimmungen des Regulativs nicht nur die Zustimmung der obersten Kirchenbehörde, sondern auch die ausdrückliche Billigung der rheinischen Provinzial=Synode erlangt haben, wird die angeregte Frage namentlich im Hinblick auf den neu eingeführten Katechismus durch Verhandlung aufzunehmen sein; es wird aber für jetzt dem ganz vereinzelten Antrag dieser Einen Regierung noch keine practische Folge gegeben werden können.

Endlich bezeichnet eine andere Regierung der Rheinprovinz es als wünschenswerth, daß die Kirche durch Uebernahme eines Theils der Arbeit auf dem religiösen Gebiete den Lehrern die ihnen zugewiesene Arbeit in Etwas erleichtern möge. Sie geht dabei von folgenden Gesichtspunkten aus:

Durch die Kirchenordnung für Rheinland und Westphalen vom 5. März 1835 sei die Zeit für die Confirmation der Kinder in das 14te Lebensjahr gesetzt. Der Confirmation gehe durch zwei Jahre bei wöchentlich zwei und in den letzten Monaten vier Stunden der Katechumenen=Unterricht des Pfarrers vorher. Die Regierung hält nun die durch das Regulativ für die älteren Kinder vorgeschriebene Bibellection für zu weit gehend, und weil außerdem den Elementar= lehrern die ausreichende Kenntniß zur Sache fehle, wird vorgeschlagen, diesen Theil des Religionsunterrichts der Kirche zuzuweisen.

Zunächst ist auch hier der eigentliche und alleinige Zielpunkt übersehen, daß es sich nämlich um die Frage wegen Verringerung des religiösen Memorirstoffs handelt, welche Frage von der vorge= schlagenen Aenderung gar nicht berührt wird. Sodann aber muß das durch das Regulativ der obersten Stufe der Elementarschule vorbehaltene Bibellesen für so wichtig, den elementaren Religions= Unterricht ergänzend und abschließend und sich für die Schule, wie für die Stellung des Lehrers eignend angesehen werden, daß nur die dringendste Nothwendigkeit die Schule zur Abgabe dieser Ver= pflichtung und dieses Rechts veranlassen dürfte, welche Nothwendigkeit nicht nachgewiesen und nicht ersichtlich ist.

Eine andere, von derselben Regierung angeregte Frage, ob näm= lich überall der Religions=Unterricht in Kirche und Schule in or= ganische Verbindung gebracht sei und sich gegenseitig ergänze, ver= dient zwar in hohem Grade Beachtung, kann aber nicht hier, sondern wird von Seiten der Kirchenbehörden zum Austrag gebracht werden müssen, da der betreffende Unterricht der Schule seine, und zwar von Seiten der Kirche gebilligte Organisation bereits hat, und das allen= falls Fehlende also nur auf der kirchlichen Seite gesucht werden müßte. Hierauf bezügliche Communication mit den kirchlichen Be= hörden wird rathsam sein. —

Nach diesem Allem dürfte es an jeder inneren und äußeren Veranlassung fehlen, schon nach so kurzer Zeit, wie seit Erlaß der Regulative verflossen ist, den durch das Regulativ vom 3. October vorgeschriebenen Lernstoff zu modificiren, resp. Behufs solcher Mo= dification mit den kirchlichen Behörden in Verhandlung zu treten. Die Aufgabe der Schulverwaltung kann vielmehr nur darin gefunden werden, daß die Lehrer immer vertrauter mit der richtigen, den Bestimmungen des Regulativs entsprechenden Behandlung des Ele= mentarunterrichts gemacht werden; daß jedes träge und bloß me= chanische Verfahren bei diesem Unterricht auf Grund derselben Be=

stimmungen und der Anordnungen des Erlasses vom 19. November 1859 ausgeschlossen wird; daß diese positiven Bestimmungen und Anordnungen, was das Verständniß des religiösen Geschichts= und Lehrinhaltes, die Einführung in das Verständniß des kirchlichen Lebens und die Gesammtbildung des Menschen, auch nach der Seite des Herzens und Gemüthes hin, betrifft, in immer weiteren Kreisen des Schullebens zur lebensvollen Ausführung gebracht werden; daß durch zutreffende Normalpläne alle Theile des Unterrichts, auch der religiöse Memorirstoff, der Zeit und den Kräften angemessen vertheilt und dadurch Ueberbürdung im Einzelnen vermieden wird, und daß endlich die Provinzialbehörden ermächtigt werden, unter Verhältnissen, die als Nothstände angesehen werden müssen, wie z. B. bei Ein= richtung von Halbtagsschulen, an dem religiösen Memorirstoff die= jenigen Verkürzungen eintreten zu lassen, welche nach gewissenhaftem Ermessen erforderlich sind, um die für die Volksbildung zu erwar= tenden Gesammtleistungen der Schule im Gleichgewicht und in rich= tiger Uebereinstimmung zu halten. —

Bevor zu einer Beleuchtung des Ausspruchs, daß der religiöse Memorirstoff bei der Vorbereitung der Seminar = Präparanden ver= ringert werde, übergegangen wird, erscheint es angemessen, noch einige allgemeine Andeutungen über den Werth der Gedächtnißübung und über die Forderung, das Erlernte präsent zu halten, zu geben, zu welchen die Berichtserstattungen Anlaß bieten, und welche sich gleich= mäßig auf den Elementarunterricht und die Präparanden = Bildung beziehen.

Einzelne Regierungen bemerken nämlich, daß ihnen die Aus= stellung, die Regulative setzten überhaupt einen zu großen Memorir= stoff fest, kaum verständlich und unter allen Ausstellungen als die am wenigsten begründete erscheine. Um dieses nachzuweisen, ist auf allgemeine und psychologische Wahrnehmungen und auf eine Ver= gleichung mit anderen Gebieten des Unterrichts einzugehen.

Die Kinder der untern Stände bringen aus dem elterlichen Hause nur beschränkte Vorstellungen und eine wenig geübte Denk= kraft mit in die Schule. Logische Operationen, dialectische Ent= wickelungen, abstracte Regeln verursachen ihnen auch bei einer tüch= tigen Verstandes=Anlage große Schwierigkeit. Aber sie haben in der Regel ein gesundes Gedächtniß, welches dem der Kinder aus höhern Ständen in Nichts nachsteht.

Das Gedächtniß der Schüler der Gymnasien und Realschulen wird von Stufe zu Stufe mit immer neuem Stoff und durch stetige Repetitionen in Anspruch genommen. Es kann ihnen nicht erspart werden, selbst Dinge zu bewältigen, die ohne Anhalt des Verständ= nisses lediglich mit dem Gedächtniß erfaßt und unvertilgbar in dasselbe eingeschrieben werden müssen, wie die Geschlechts=Regeln und die dazu gehörigen Ausnahmen, die Conjugationen mit ihren Abweichungen;

Geographie und Geschichte erfordern, wenn eine genügende Grund=
lage geschafft werden soll, das Einprägen sehr vieler Namen und
Zahlen; selbst mathematische Sätze und Formeln können nicht immer
von Neuem entwickelt werden, sondern müssen nach gewonnenem
Verständniß als ein sicherer Besitz des Gedächtnisses beständig zur
Hand sein.   Diesem gegenüber ist die Anforderung des Regulativs
an die gedächtnißmäßige Thätigkeit der Elementarschüler als sehr
gering anzusehen, und wenn ein Einzelnes hervorgehoben werden soll,
so sind die Kirchenlieder im Allgemeinen nicht schwieriger zu er=
lernen, als Balladen von Schiller, Bürger, Uhland u. A. — Von
diesen und anderweiten Gedichten lernen die Schüler der Gymnasien
und Realschulen in kurzer Zeit mehr, als den Elementarschülern für
ihre ganze Schulzeit zugemuthet wird, müssen Katechismus, Sprüche
und Kirchenlieder ebenfalls lernen und fügen noch große Abschnitte
des Homer, eine Anzahl von Oden des Horaz, französische und
englische Gedichte, selbst ganze Capitel aus prosaischen Schriftstellern,
meistens freiwillig, hinzu.

Wird solchen Anforderungen und Leistungen, die in ihrer Be=
rechtigung und Nothwendigkeit nicht angezweifelt werden, der für
die Elementarschule und die Präparanden = Bildung vorgeschriebene
Memorirstoff in seinem Umfang gegenüber gehalten und erwogen,
daß es sich hier nirgends um abstracte Regeln, Formeln, um Namen
und Jahreszahlen, sondern überall um concreten und lebensvollen
Inhalt handelt, und daß nach der ausdrücklichen Bestimmung der
Regulative nichts gedächtnißmäßig gelernt werden soll, was nicht
vorher erklärt, verstanden und zur bewußten Aneignung fähig gemacht
worden ist; so wird von einer Ueberbürdung des Gedächtnisses an
und für sich in formeller Beziehung nicht die Rede sein können; der
vorgeschriebene Lernstoff ist aber seinem Inhalte nach auch in dem
Bericht der Unterrichts=Commission des Abgeordnetenhauses nicht als
unwürdig oder schädlich in Anspruch genommen worden.

Es scheint aber daran Anstoß genommen und daraus für die
Ueberbürdung der Kinder Besorgniß hergeleitet zu werden, daß nach
dem Regulativ das Gelernte den Schülern als ein stets bereites
Eigenthum beiwohnen, oder daß der Memorirstoff bei den
Schülern immer präsent gehalten werden solle.

Eine derartige Besorgniß kann indessen nicht durch Berufung
auf das Regulativ als begründet angesehen werden.   Die Worte, auf
welche der erwähnte Commissions=Bericht offenbar Bezug nimmt
(Seite 66 der Gesammtausgabe der Regulative) stellen überhaupt
nicht eine Forderung auf, sondern geben die Folge eines nicht auf
mechanische Gedächtnißübung basirten Unterrichts in der biblischen
Geschichte an und reden überdieß in Bezug auf das Behalten des
zu einem immer bereiten Eigenthum gewordenen Inhalts von einer
Zeit, die sich weit über die Schulzeit hinauserstreckt.   Das Behalten

kann seiner Natur nach überhaupt nicht gefordert werden, sondern ist eine Folge der Art des Erlernens, an die sich jene Forderung nur richten kann. Wenn aber wirklich die Forderung gestellt wäre, daß die Kinder auch für die Schulzeit die biblischen Historien als ein immer bereites Eigenthum zur Hand haben sollten, so läge darin jedenfalls ein Anspruch nicht an das Gedächtniß, sondern an den Verstand der Jugend und an eine die Thätigkeit des Geistes anregende Unterrichtsweise. Kinder, welche nur mechanisch gelernt, haben Nichts präsent, sie können nicht in die verschiedenen Fächer ihres Geistes hineingreifen, um aus einem stets bereiten Eigenthum herauszunehmen, was sie gerade brauchen, nicht Katechismus, biblische Geschichte, Sprüche und Lieder combiniren und in gegenseitigen Bezug setzen, sondern nur das bestimmt Bezeichnete, oder durch die Lehrer mechanisch mit dem Anfangsworte Bezeichnete auch mechanisch recitiren. Jenes zu können, dazu gehört klares Verständniß und geistige Gewandtheit. Die hier einschlagenden Forderungen der Regulative enthalten daher gerade dasjenige, was man zu vermissen, und verwerfen eine Unterrichtsweise, welche man zu tadeln scheint.

Es giebt aber auch ein eigentlich schulmäßiges Einprägen und Präsenthalten des Lernstoffes, welches eine so anerkannt didactische Nothwendigkeit ist, daß dasselbe in den Regulativen keiner besonderen Begründung und Rechtfertigung bedurft hat. Hier möge für diese Wahrheit nur eine Autorität und eine geschichtliche Thatsache angeführt werden. Jene findet sich Theil I. Seite 189 des Wegweisers von Diesterweg in der ganz besonders betonten Forderung, daß die Schüler Alles behalten sollen, was sie gelernt haben.

Die Frage aber nach denjenigen Mißständen des Schulwesens, welche die Erfüllung dieser Forderung behindern und beeinträchtigen, und nach derjenigen Art und Weise, welche derselben zur Verwirklichung zu helfen, besonders geeignet erscheinen möchte, hat vor etwa zwei Jahrzehnten auf Grund der bekannten, von 65 Bewerbern bearbeiteten Suringar'schen Preisaufgabe, woher es komme, daß so viel Gutes, was die Kinder in der Schule gelernt haben, nach ihrem Austritt aus derselben wieder verloren gehe, die bedeutendsten Schulmänner Deutschlands eingehend beschäftigt. Für die practische Lösung dieser Frage haben sich nun die Regulative das Verdienst erworben, daß sie eines Theils unter „Ausscheidung des Unberechtigten, Ueberflüssigen und Irreführenden" die betreffenden Unterrichtsstoffe „quantitativ richtig beschränkt, qualitativ richtig ausgewählt," anderntheils als wesentlichsten Unterrichtszweck „Verständniß und Uebung" dieses Stoffes bezeichnet und für die lehrhafte Behandlung desselben die Norm vorgeschrieben haben, daß „an dem keinenfalls über die Gränzen eines zu erreichenden vollen Verständnisses hinaus ausgedehnten Lehrinhalt die Kraft bis zum Können und zu selbstständiger Fertigkeit geübt" werden, dabei „ein Unterrichtsfach das andere ergänzen und dem Gesammtzweck dienen" soll. (Seite 63, 64, 74 und 75 der Gesammtausgabe.)

Um den Unterrichtsstoff aber präsent zu halten, dazu gehören Wiederholungen, die allerdings richtig angelegt sein müssen, dann aber selbstverständlich die Masse des Lernstoffs in keiner Weise vermehren, wohl aber ebenso das Gedächtniß wirklich schonen, als den Kindern die Frucht ihrer Arbeit und damit die Freude an derselben erhalten. Was die richtige Anlage dieser Wiederholung betrifft, so kann nach der ganzen Richtung der Regulative nicht davon die Rede sein, daß der Lehrer Katechismus, Sprüche, Lieder ꝛc. beständig mechanisch aufsagen läßt und damit die Zeit vergeudet, die Schüler ermüdet und abstumpft. Wenn er aber bei seinem Unterricht die bezüglichen biblischen Historien, die passenden Sprüche und Liederverse von den Kindern selbstständig beibringen läßt und auf diese Weise wiederholt, so weckt er durch die Wiederholung ihre geistige Thätigkeit, bringt sie zum Bewußtsein ihres Wissens und dessen Werthes und befestigt dasselbe zugleich in ihrem Gedächtniß als ein immer präsentes Besitzthum. —

Das bis hierhin über Behandlung und Präsenthaltung des religiösen Memorirstoffes, sowie über dessen Benutzung zu allgemein geistiger und besonders sprachlicher Ausbildung der Schüler Bemerkte wird bei der jetzt folgenden Besprechung der Präparandenbildung überall und auch hier als maaßgebend vorausgesetzt. —

Vorab ist zum näheren Verständniß der an die Präparandenbildung zu stellenden Anforderungen darauf hinzuweisen, daß nach den Regulativen vom 1. und 2. October 1854 die eigentliche Ausbildung der Elementarlehrer in einem dreijährigen Cursus in Seminarien, d. h. geschlossenen, vom Staate unterhaltenen Anstalten, die Vorbereitung für das Seminar aber vom 14. bis 17. Lebensjahr bei einzelnen Geistlichen und Lehrern, die dazu befähigt und willig sind, erfolgen soll. Daß dieses letztere, fast ohne Ausnahme, seither auf Kosten der Betheiligten hat erfolgen müssen, liegt in dem seitens des Unterrichtsministers nicht zu beseitigenden Mangel an Geldmitteln.

Darin stimmen alle Provinzial=Behörden überein, daß erhöhte Ansprüche an die Präparandenbildung nur realisirt werden können, wenn dieselbe in geschlossenen Anstalten erfolgen würde. Mit Ausnahme Einer Regierung, in deren Bezirk seit langen Jahre solche geschlossene Präparanden=Anstalten sich am Orte der Seminarien befinden und für das Unterrichtswesen der letzteren günstige Ergebnisse liefern, und der Behörden der Provinz Westphalen, wo die Gesammtverhältnisse die Entwickelung der freigelassenen Präparandenbildung bis jetzt nicht nach Wunsch gefördert haben, erklären sich alle übrigen Behörden aus inneren und äußeren Gründen

gegen die Einrichtung geschlossener Präparanden=
Anstalten.

Ein sechsjähriger ununterbrochener Aufenthalt in einer geschlosse=
nen Anstalt gerade in der für Entwicklung des Charakters und
der ganzen Lebensanschauung wichtigsten Altersperiode entfremde den
künftigen Volkslehrer zu sehr dem realen Leben. Die gegenwärtig
bestehende Einrichtung vermittle in dieser Beziehung zweckentsprechend.

Nur durch den Aufenthalt bei einem practisch fungirenden Leh=
rer, nicht aber in einer geschlossenen, zahlreich besuchten Anstalt,
werde es den Präparanden möglich, sich an der Lehrthätigkeit in der
Schule helfend und gewöhnend zu betheiligen. Hierin liege aber für
die Ausbildung zum Lehramte und für die Aufgabe der Seminarien
ein unentbehrlicher und durch nichts Anderes zu ersetzender Vortheil.

Die Lebens= und Vermögens=Verhältnisse der meisten Seminar=
Aspiranten mache es denselben unmöglich, drei oder auch nur zwei
Jahre fern von ihrer Heimath auswärts gelegene Anstalten zu be=
suchen. Die seit einiger Zeit, was die Zahl der Aspiranten betreffe,
in sehr erfreulichem Aufschwung befindliche Präparandenbildung
werde durch eine derartige Einrichtung einen sehr empfindlichen Stoß
und Abbruch erleiden.

Hiernach kann überhaupt nicht, und um so weniger Veranlas=
sung gefunden werden, in der bestehenden Organisation der Präpa=
randenbildung principielle Aenderung eintreten zu lassen, als die auf
diese Frage eingehenden Behörden erklären, auch wenn den Se=
minarien ausgedehntere Leistungen angesonnen wer=
den sollten, werde hierzu durch die bestehende Ein=
richtung der Präparandenbildung die erforderliche
Vorbereitung ausreichend und zweckmäßig beschafft
werden können.

Für den Regierungs=Bezirk Merseburg wird die althergebrachte
Einrichtung von Präparanden=Anstalten nicht ohne Weiteres zu stören,
aber doch auch die Erfahrung nicht außer Acht zu lassen sein, daß
die Regierung in Erfurt gerade von der Aufhebung einer früher in
ihrem Bezirk bestandenen ähnlichen Einrichtung den bedeutenden
Aufschwung herleitet, welchen die Präparandenbildung in den letzten
Jahren dort genommen.

In der Provinz Westphalen wird aber, um den dem Anschein
nach bis jetzt fehlenden lebendigen Trieb in die Präparandenbildung
zu bringen, für längere Zeit das Bestehen der beiden jetzt vorhande=
nen Präparanden=Anstalten zu fördern, und nöthigenfalls die Ein=
richtung neuer einzuleiten, auch werden die hierzu erforderlichen
Mittel zu bewilligen sein. —

Wenn Modificationen der durch das Regulativ vom 2. October
1854 bestimmten Leistungen in der Präparandenbildung in Erwägung
genommen werden sollen, so wird es nöthig sein, zuvor die Aus=

führung, welche dieses Regulativ gefunden, und die Wirkung, welche dasselbe gehabt, in das Auge zu fassen.

Das genannte Regulativ ist überall, zuletzt in der Rheinprovinz durch die unter dem 4. August 1858 bestätigte Anweisung zur Ausführung desselben in Anwendung gebracht worden. Die meisten Behörden äußern sich dahin, daß seinen Forderungen noch nicht vollständig genügt werde: in Betreff der Aneignung des vorgeschriebenen Lernstoffes, weil den bis jetzt ausgebildeten Präparanden die Vorbereitung durch die Elementarschule nach dem Regulativ vom 3. October ganz, oder zum großen Theil noch nicht zu Statten gekommen sei; in Betreff des durch das Regulativ überall geforderten vollen Verständnisses der geistigen Durchbildung und der Gewandtheit im Auffassen, Denken und Sprechen theils aus demselben Grunde, theils weil es noch an einer ausreichenden Anzahl nach diesen Richtungen hin ausreichend befähigter Präparandenlehrer fehle. Nichtsdestoweniger wird der Erfolg des Regulativs im Allgemeinen, weil durch dasselbe die Anforderungen präcisirt und klar gemacht worden, und sodann im Besonderen nach zwei Seiten hin als sehr bedeutend bezeichnet.

Zunächst haben sich die Leistungen der Präparanden zur Befriedigung der Seminarien erheblich gesteigert und sind gleichartiger geworden; sodann hat sich die Zahl der Präparanden seit Erlaß des Regulativs fast überall in großem Umfang vermehrt.

Was das erstere betrifft, so muß eine Unterlage zum Vergleich mit dem früheren Zustand gewonnen werden. Es wird deshalb ein Bericht des Directors des evangelischen Seminars in Breslau vom 28. September 1844, also aus einem Bezirk und aus einer Zeit mitgetheilt, in welchem und zu welcher die Principien der früher üblichen Lehrerbildung, die den Regulativen so häufig entgegenhalten und als die Periode der Altensteinischen Verwaltung bezeichnet wird, noch in keiner Weise alterirt waren. Der Bericht lautet:

„Zu dem auf den 23. d. M. angesetzten Aspirantenexamen hatten sich 25 Präparanden eingefunden." —

„Im Allgemeinen ist das Ergebniß durchaus als kein besonders günstiges anzusehen. Man muß es beklagen, daß Jünglinge von und über 16 Jahren Unbekanntschaft mit Gegenständen verrathen, die man von einem nicht ganz verwahrlosten 14 jährigen Knaben fordern kann. Dazu rechne ich, die christliche Religionserkenntniß anlangend, die sonntäglichen Perikopen, welche in der Elementarschule allwöchentlich auswendig gelernt werden sollen, und den Katechismus. Durchgängig wurden beide stümperhaft und fehlerhaft hergesagt. Die biblische Geschichte war den meisten ein Gebiet, in dem sie sich wenig oder gar nicht umgesehen hatten. Es kamen Antworten und Angaben vor, welche von der größesten Unwissenheit

zeugten. Die wenigsten Aspiranten hatten mehr in der Bibel gele=
sen, als die 4 Evangelien, und auch diese Lectüre schien sehr mangel=
haft gewesen zu sein. Die jungen Leute wußten Nichts ordentlich.
Alles war ungemein unbestimmt und verworren. Mit den Kirchen=
liedern waren sie eben so wenig vertraut. Die allergewöhnlichsten
waren ihnen fremd."

„Im grammatischen Sprachunterricht leisteten Einzelne durch=
aus Nichts und bekannten, keinen Sprachunterricht gehabt zu haben.
Im Rechnen gab es viel Mechanismus, nur sehr wenige rechneten
mit Verstand."

„In den Elementen der Musiklehre war die Mehrzahl ganz
unbewandert. Im Singen waren mehrere nicht im Stande, ein
ganz leichtes Stück zu treffen. Die meisten waren im Violinspiel
schwach."

„Im Schreiben vermißte man eine regelmäßige, gefällige Schrift.
In der Naturkunde fehlte die genaue Bekanntschaft mit den heimi=
schen Producten und alltäglichen Erscheinungen, so daß sie nicht im
Stande waren, eine geordnete Vergleichung anzustellen und eine Be=
schreibung zu liefern."

„In der Geschichte hatten die Meisten sich nur mit der vater=
ländischen beschäftigt, viele auch von dieser nur die ältere Zeit bis
etwa zur Reformation kennen gelernt. Aus der Religionsgeschichte
war Manchem auch das Wichtigste fremd. Im Styl fehlte Be=
stimmtheit im Ausdruck, den Gedanken fehlte es an Ausdruck und
Zusammenhang. In der Orthographie kamen arge Fehler vor."

„Es will mir nicht recht einleuchten, daß bei der Fortsetzung
der Art der den Aspiranten bis jetzt gewährten Unterweisung wesent=
lich mehr zu Tage kommen werde, als es der Fall gewesen ist. Die
Präparandenbildner scheinen bereits den gesammten Vorrath des
eigenen Wissens für ihre Zöglinge ausgebeutet zu haben, und ich
kann mich nicht überzeugen, daß auf dem Wege, den die Präparan=
denbildung bisher genommen hat, die Heranbildung tüchtiger Prä=
paranden möglich sein wird. Da das Präparandenbildungsgeschäft
ein Privatunternehmen bleibt, bei dem für den Bildner auch kein
besonderer materieller Vortheil entsteht, so beschränkt sich die Thätig=
keit derselben darauf, daß sie den Zöglingen, wenn sie diese zum
großen Theil für ihre häuslichen und anderweitigen Angelegenheiten
benutzt haben, einige Stunden zur eigenen Beschäftigung überlassen,
oder sich von ihnen bei dem Ueberhören der Schullection helfen
lassen." 2c.

Dem gegenüber wird unter dem 1. September 1860 von dem
Seminar in Steinau, Regierungsbezirk Breslau, berichtet: „Es
hatten sich zum Examen 51 Präparanden eingefunden, also 10 Prüf=
linge mehr, als im Durchschnitt der letzten Jahre. Im Ganzen
erwies sich die Vorbildung im sichtbaren Fortschritt, namentlich in

der Religion, im Deutschen und Rechnen; auch in den übrigen Ge=
genständen erwies sie sich bei den meisten Prüflingen genügend, so
daß eine nicht geringe Anzahl von jungen Leuten wegen Mangels
an offenen Stellen keine Aufnahme finden konnte, welche, was ihre
Kenntnisse anlangt, in den früheren Jahren vor manchen damals
Aufgenommenen den Vorzug verdient hätten."

Für die Provinzen Preußen, Posen, Pommern und Branden=
burg wird der Fortschritt der Präparandenbildung seit Erlaß des
Regulativs als in stetem Fortschreiten begriffen bezeichnet.

In der Provinz Sachsen haben seit den letzten Jahren die Se=
minarien „aus der großen Zahl von jungen Leuten", welche sich zur
Aufnahmeprüfung gestellt, die bestvorbereiteten auswählen können.
So meldeten sich im September 1860 für das Seminar in Erfurt
50 Aspiranten, von denen 28 zur Aufnahme für reif befunden wur=
den, während nur 20 derselben, weil nicht mehr Stellen offen wa=
ren, Aufnahme finden konnten.

In der Provinz Westphalen ist Fortschritt vorhanden, aber aus
den oben angeführten Gründen noch kein den Absichten der Behör=
den entsprechender. Für die Rheinprovinz können noch keine Resul=
tate angegeben werden, da hier das Regulativ erst vom September
1858 ab in Anwendung gekommen ist.

Für die seit Erlaß des Regulativs eingetretene Steigerung der
Präparandenzahl, also für die im Wachsen begriffene Neigung, sich
dem Lehrerstande zu widmen, können die Verhältnisse im Regierungs=
bezirk Königsberg als ein Beispiel unter vielen angeführt werden.
In den fünf Jahren vor Einführung des Regulativs von 1851—55
meldeten sich für das Seminar in Pr. Eylau 161 Präparanden,
durchschnittlich im Jahr 32; nach Einführung des Regulativs in den
fünf Jahren 1856—60 aber 237 Präparanden, durchschnittlich 47,
also jährlich 15 mehr. Während im Jahre 1855 nur unter 26
Aspiranten die Auswahl für 20 Stellen im Seminar möglich war,
haben im Jahre 1860 die erforderlichen 20 Zöglinge aus einer
Zahl von 61 Aspiranten designirt werden können.

Diese Wahrnehmungen sind von um so größerer Bedeutung,
als sie einmal den Beweis liefern, daß die Bestimmungen des Re=
gulativs vom 2. October 1854 den thatsächlich vorhandenen Verhält=
nissen des Volkslebens und der Schule entsprechen und in beiden die
richtigen und erwünschten Anknüpfungspunkte gefunden haben. So=
dann aber geben sie die Bürgschaft dafür, daß es auch den neu zu
errichtenden Seminarien, welche mit Ausnahme der Provinzen Schle=
sien und Sachsen für alle anderen Provinzen ein dringendes Be=
dürfniß sind und seither wegen Mangels an Geldmitteln noch nicht
überall haben eingerichtet werden können, sobald letzteres möglich sein
wird, nicht an der nöthigen Frequenz fehlen wird.

Das aber wird von allen Seiten hervorgehoben, daß bei der

vielfach sich darbietenden Gelegenheit, äußerlich lohnendere Berufs=
arten zu wählen, und da den gering besoldeten Lehrern auf die Dauer
nicht zugemuthet werden könne, die Vorbildung der Präparanden
ohne Entgelt zu besorgen, um die Präparandenbildung in dem bereits
erreichten Aufschwung zu erhalten, die namentlich zur Remu=
nerirung der Lehrer erforderlichen Geldmittel aus
Staatsfonds müßten bewilligt werden. —

Nach diesen auf die eingegangenen Berichtserstattungen sich
gründenden Mittheilungen kann nun schließlich zur Beantwortung
der Frage übergegangen werden, ob eine Verringerung des religiösen
Memorirstoffs in der Vorbereitung für das Seminar nothwendig,
resp. wie dieselbe zu bewerkstelligen sei.

Der hierauf gerichtete Antrag des Hauses der Abgeordneten
steht zwar isolirt und könnte deshalb so aufgefaßt werden, daß eine
Verringerung des betreffenden Stoffes wünschenswerth erscheine, weil
derselbe an und für sich zu umfangreich sei. Es kann dies indeß nicht
wohl der Fall sein, weil, wie oben nachgewiesen, das Regulativ von
den Präparanden für einen dreijährigen Zeitraum nur das Neu=
erlernen von 20 Kirchenliedern, 18 Psalmen und den messianischen
Weissagungen verlangt, letztere fast ohne Ausnahme schon in der
biblischen Geschichte enthalten sind, und nicht außer Acht zu lassen
ist, daß der Präparand für seine religiöse Ausbildung auch noch den
neben der Schule stehenden Katechumenen= und Confirmanden=
Unterricht genossen hat. Man wird deshalb nicht in der Annahme
irren, daß die Erklärung des Hauses der Abgeordneten unter Nr. 2
wegen Verminderung des religiösen Memorirstoffes bei der Vor=
bildung der Seminar=Präparanden in einen nothwendigen Zusam=
menhang mit der in der Erklärung Nr. 3 erwähnten Steigerung der
Leistungen in den Schullehrer=Seminarien und der Anforderungen
an die Seminar=Präparanden gebracht werden solle. Dieses fest=
gehalten, ergiebt der Commissionsbericht, daß außerhalb der reli=
giösen Bildung eine extensive Steigerung des Wissens und Könnens
der Elementarlehrer, namentlich auf dem realen Gebiet, gewünscht
wird, und zwar hauptsächlich in der Voraussetzung, daß die gegen=
wärtigen Leistungen der Seminarien den berechtigten Anforderungen,
wenigstens in den gehobenen Elementarschulen, nicht genügten.

Diesen Voraussetzungen und Absichten stehen die Erfahrungen
der Provinzial=Behörden dahin entgegen, daß von keiner der=
selben eine principielle Aenderung des Seminar=Unterrichts, wie
derselbe durch das Regulativ vom 1. October 1854 festgestellt ist,
beantragt, von den meisten vielmehr geradezu ausgesprochen wird,
daß eine wesentliche Aenderung des Lehrgebietes, oder der in
den Regulativen enthaltenen Grundsätze eine Abirrung von dem
allein richtigen Wege einer gesunden Volksbildung sein würde.
Dabei werden auf Grund der nach besonderen Local= und Personal=

Verhältnissen gemachten Erfahrungen Modificationen für das Ver=
fahren in einzelnen Lehrobjecten vorgeschlagen, deren Gewährung
in den meisten Fällen kein principielles Bedenken entgegensteht. Jene
ihre Grundansicht stützen die Provinzialbehörden auf die Thatsache,
daß die Seminarien nach ihrer inneren Einrichtung für den Unter=
richt in allen und den gewöhnlichen Elementarschulen sehr wohl
vorbereitete Lehrer ausbilden, daß es aber zugleich unter den
in diesen Seminarien ausgebildeten Lehrern nirgend
an solchen fehle, welchen der Unterricht an gehobenen
Schulen, namentlich auch in den Realfächern, mit vol=
lem Vertrauen und günstigem Erfolg übertragen wer=
den könne. Es wird hervorgehoben, wie selbst für den betreffen=
den Unterricht an höheren Unterrichts=Anstalten, Gymnasien, Real=
und höheren Bürgerschulen die in den Seminarien gebildeten Lehrer
häufig und gern angenommen würden. Die Gründe, warum es so
sei und nicht anders sein könne, sind Seitens der Staatsregierung in
den Berathungen der Unterrichts=Commission mitgetheilt und in
deren Bericht niedergelegt worden, weßhalb hier auf dieselben ver=
wiesen werden kann. Nur die Aeußerung eines Provinzial=Schul=
Collegiums über den Geschichts=Unterricht in Seminarien mag hier
angeführt werden, weil sie in didactischer Beziehung wesentlich zum
Verständniß der betreffenden Bestimmungen beiträgt. Es heißt in
dem betreffenden Bericht:

„Das Regulativ vom 1. October 1854 hat ja weder den Zweck,
den Unterrichtsstoff in den einzelnen Disciplinen genau festzustellen
und zu begränzen, noch ist es etwa durch eine ungeschickte Wahl
des Ausdrucks in diesen Fehler verfallen. Es giebt das Feld an, auf
welchem sich der Unterricht zu bewegen hat, es giebt Gesichtspunkte
für die Wahl des zu behandelnden und für die Ausschließung des
nicht geeigneten Stoffes, es bezeichnet die Methode, nach welcher
der Unterricht zu ertheilen ist, aber es zieht, namentlich in Bezug
auf die Realien, Kreise, in denen ein reichhaltigerer Stoff Platz hat,
als Mancher träumen mag. Alles kommt freilich auf die Art an,
wie man das Regulativ liest und versteht. Wer z. B. flüchtig, ge=
dankenlos und ohne Sachkunde in dem Regulativ liest, daß allge=
meine Weltgeschichte als ein besonderes Unterrichtsfach nicht betrieben,
vielmehr die unentbehrlichsten Mittheilungen aus ihr theils an die
biblische, theils an die deutsche Geschichte angereiht, theils in Bio=
graphien einzelner epochemachender Männer und in Schilderungen
solcher Begebenheiten zusammengefaßt werden sollen, der sieht viel=
leicht in diesen Bestimmungen den Unterrichtsstoff auf ein Minimum
beschränkt, während der aufmerksame und sachkundige Lehrer in ihnen
eine heilsame Schranke gegen Verirrungen, eine Hinweisung auf den
für den Geschichtsunterricht auf Seminarien festzuhaltenden Gesichts=
punkt erkennt, darüber aber nicht in Zweifel ist, daß durch den ge=

4

zogenen Kreis dem geschickten Lehrer, dem Verhältnisse und Zeit es gestatten, ein überreicher Stoff zur Behandlung geblieben ist."

„Soll aber die hier gezogene Schranke selbst fallen, soll der Geschichtsunterricht von einem erweiterten Gesichtspunkte aus ertheilt werden, so setzt dies eine andere Grundlage voraus, als die Zöglinge des Seminars nach den gegebenen Verhältnissen besitzen können, und ein so erweiterter Gesichtspunkt würde, so lange diese Grundlage fehlt, nur eine Anhäufung des Gedächtnisses mit Memorirstoff, nicht eine wahre und gründliche Bildung zur Folge haben."

Das aber wird überall mit Entschiedenheit hervorgehoben, daß zur Erreichung des durch das Regulativ gesteckten Zieles der Lehrerbildung ein dreijähriger Cursus unentbehrlich sei. Die Staatsregierung wird daher alle Veranlassung haben, den unter den evangelischen Seminarien noch in Bromberg, Cöpenick, Mörs und Neuwied bestehenden zweijährigen Cursus in einen dreijährigen zu verwandeln, was nur durch Errichtung neuer oder Erweiterung der bestehenden Seminarien erfolgen kann. — Wird, einen vollständigen Cursus der Seminarien vorausgesetzt, noch erwogen, daß die Provinzialbehörden die durch das Regulativ vom 2. October bestimmte Vorbildung der Präparanden auch selbst für den Fall als ausreichend betrachten, wenn den Seminarien erweiterte Leistungen vorgeschrieben werden sollten, so wird es auf Grund der vorhandenen Erfahrung an ausreichendem Anlaß fehlen, den für die Präparandenbildung festgesetzten religiösen Memorirstoff um deswillen zu verkürzen, damit für größere extensive Leistungen, besonders in den Realfächern, mehr Raum gewonnen werde.

Man kann aber aus anderen, und zwar den folgenden Erwägungen zu dem Schluß gelangen, daß eine solche Verringerung dennoch, und ein Ersatz für die zu ersparende Arbeit nach anderer Seite hin, wünschenswerth sei.

Die Präparandenbildung erfolgt im großen Ganzen durch einzelne Lehrer, welche mehrere Jünglinge in der Regel bald nach deren Confirmation in ihre Familie, oder nur in ihren Unterricht aufnehmen. Die Betheiligung der Geistlichen an diesem Unterricht ist leider sehr vereinzelt und beschränkt sich häufig darauf, daß sie die Präparanden fortgesetzt an dem von ihnen ertheilten Confirmanden-Unterricht Theil nehmen lassen. Der Präparand wohnt dem Unterricht in der Schule bei, wird hier als Helfer beschäftigt, erhält von dem Lehrer für seine eigenen Arbeiten Anleitung und Correctur, resp. soweit dessen Kraft und Zeit reicht, selbstständigen und weiterführenden Unterricht, namentlich in der Musik. Es liegt für das laufende Winterhalbjahr ein Stunden- und Arbeitsplan für die Präparanden vor, welche sich bei einem Lehrer in dem Regierungsbezirk Potsdam befinden. Für den Mittwoch z. B. ist die Zeit folgendermaßen eingetheilt. Von 7—8 Arbeitsstunde und Clavierüben, 8—9 bibli-

iſche Geſchichte in Gemeinſchaft mit der erſten Schulklaſſe, 9—10
Arbeitsſtunde und Clavierüben, 10—11 Aufſatz mit den Schülern
der erſten Klaſſe, 11—1 Freizeit reſp. Clavierüben, 1—2 Raumlehre, 2—3 Geographie, 3—4 Freizeit, 4—5 Geſang und Theorie
der Muſik, 5—7 Arbeitsſtunde und Clavierüben. Es wird dazu
bemerkt, daß die jetzt eingetretenen Präparanden in den meiſten Fächern noch nicht den Standpunkt der Schüler der erſten Klaſſe erreicht haben und deshalb einſtweilen (in 17 Stunden wöchentlich)
an deren Unterricht Theil nehmen, während ſie in 18 Stunden
ſelbſtſtändigen Unterricht erhalten. Als Lernmittel befinden ſich in
den Händen dieſer Präparanden außer Bibel, Geſangbuch, Katechismus: Bernhardi Bibelkunde, Leſebuch von Wetzel, Sprachlehre von
Bohm und Steinert, Geographie von Voigt, Atlas von Glaſer,
Vaterländiſche Geſchichte von Hahn, Naturgeſchichte von Leunis ꝛc.
Es darf wohl angenommen werden, daß nur in ſeltenen Fällen mehr
für den ſelbſtſtändigen Unterricht der Präparanden geſchieht und ge-
ſchehen kann. Könnte vorausgeſetzt werden, daß der Präparanden-
unterricht überall drei Jahre dauerte, und daß die Zöglinge hinlänglich vorbereitet in denſelben träten, um mit Erfolg durch ihre eigene
Arbeit ihre Denkthätigkeit und ihren Verſtand weiter zu bilden, ſo
würde mit Hinzurechnung der practiſchen Beſchäftigung bei dem
Schulunterricht dieſe Präparandenbildung den Wünſchen der Seminarien genügen. Jene Vorausſetzungen treffen aber bei Weitem
nicht überall zu. Die meiſten Präparanden ſind zu arm, um vor
dem Seminar-Curſus ohne eigenen Erwerb auf eigene Koſten drei
Jahre lang exiſtiren zu können. Wenn es die Staatsmittel erlaub-
ten, hier Unterſtützungen zu gewähren, ſo könnte Viel geholfen und
manches Talent für den Schullehrer-Beruf gewonnen werden. Außerdem müſſen die meiſten Präparanden erſt lernen, wie man geiſtbil-
dend arbeitet und lernt. Jedenfalls wird in ſehr vielen Fällen die
Präparandenbildung in einem weit engeren als dreijährigen Zeitraum zuſammengedrängt, und liegt hier die Verſuchung nahe, weil
Zeit und Kraft zu Anderem und Höherem fehlt, die gedächtnißmäßige Aneignung möglichſt vieler Stoffe als genügend und als Hauptziel anzuſehen. Es kann der Verſuch gemacht werden, dieſer Praxis
dadurch eine andere Richtung zu geben, daß man den religiöſen Memoriſtoff für die Präparandenbildung weſentlich auf das Maaß be-
ſchränkt, welches für die einklaſſigen Elementarſchulen vorgeſchrieben
iſt, ſo daß alſo hier nur ſehr wenig hinzuzulernen bleibt. Dann
muß aber die hierdurch gewonnene Zeit nicht ſowohl zu einer exten-
ſiven Vermehrung der Realkenntniſſe verwendet werden, was unter
den gegebenen Verhältniſſen nichts Anderes bedeuten würde, als
anderweiten Memoriſtoff zu ſchaffen. Der Präparandenbildung
wird vielmehr die Aufgabe zu ſtellen ſein, daß ſie den religiöſen
Memoriſtoff in der früher bezeichneten geiſtig anregenden Weiſe

4*

präsent erhält und damit ein nur mechanisches Auffassen und Be=
halten ausschließt; daß sie ferner das religiöse Verständniß durch
einfache Erklärung biblischer Abschnitte, namentlich von Psalmen,
Lehrreden und Gleichnissen des Herrn, sowie durch eine annähernde
übersichtliche Einführung in die Geschichte des Reiches Gottes der
beiden Testamente fördert, daß sie das deutsche Lesebuch nach Sach=
und Sprach=Inhalt verarbeitet, was namentlich die eigene Thätig=
keit des Präparanden in Anspruch nehmen wird, und daß sie dem
Seminar=Unterricht dadurch vorarbeitet, daß die Dinge, welche vor=
zugsweise geübt werden müssen, also Schönschreiben, Zeichnen und
Musik ausreichend geübt werden. Es müssen Organe dafür gefun=
den, oder vorhandene Organe dazu benutzt werden, daß der Präpa=
randenunterricht in den betreffenden Bezirken überwacht, dessen Er=
folge controlirt werden, daß die Zulassung zum Präparandenunter=
richt nur nach sorgfältiger Prüfung, und wenn der Präparand sich
nicht eignet, seine Entlassung rechtzeitig erfolge. Die Präparanden=
lehrer müssen unter den tüchtigsten und bewährtesten Elementarleh=
rern von der Regierung ausgewählt und öffentlich bekannt gemacht
werden. Es muß eine Ehre sein, Präparandenlehrer zu werden.
So lange es an Fonds fehlt, die Präparandenlehrer angemessen zu
remuneriren, müssen dieselben bei Vertheilung der vorhandenen Un=
terstützungs=Fonds vorzugsweise bedacht werden. Die Seminarien
müssen mit der Präparandenbildung in noch engere Beziehung ge=
setzt werden: die Seminar=Directoren müssen bei den ihnen zu über=
tragenden Schulrevisionen ihr Augenmerk besonders auf die Präpa=
randenbildner richten, letztere müssen von Zeit zu Zeit in die Semi=
narien berufen werden, um deren Anforderungen an die aufzuneh=
menden Zöglinge kennen zu lernen. Die hierzu erforderlichen Mittel
müssen bereit gestellt werden. Von Seiten der Seminarien muß
über den Ausfall der Präparandenprüfung an die betreffenden Lehrer
Mittheilung gemacht, und müssen damit Rathschläge für weitere Ent=
wickelung und Verbesserung der vorgefundenen Mängel verbunden
werden. Die Prüfungs=Commissionen endlich aber müssen ange=
wiesen werden, in keiner Weise nur das gedächtnißmäßige Vorhan=
densein des vorschriftsmäßigen Lernstoffes als Maaßstab für die
Beurtheilung der Aufnahmefähigkeit anzusehen, sondern müssen für
letztere in gleicher Weise die gesammte Anlage zum Lehrberuf, Ver=
ständniß des Lernstoffes, geistige Arbeitskraft, Gewandheit und Si=
cherheit im Auffassen, Denken, Sprechen und schriftlichen Ausdruck
entscheidend sein lassen.

Berlin, den 16. Februar 1861.

III. und IV.

Circular-Erlasse vom 16. Februar 1861.

Durch die Circular-Verfügung vom 3. Sept. v. J. (Nr. 12050)*) hatte ich sämmtliche Königliche Provinzial-Schul-Collegien und Regierungen zur eingehenden, die seither gemachten Erfahrungen berücksichtigenden, Aeußerung über die Erfolge der auf Grund der Regulative vom 1. und 2. October 1854 eingerichteten Lehrerbildung, sowie insbesondere darüber aufgefordert, ob eine Verminderung des durch das letztgenannte und durch das Regulativ vom 3. October 1854 vorgeschriebenen sogenannten religiösen Memorirstoffs in der Elementarschule und bei der Präparandenbildung nothwendig und zulässig erscheine.

Das in den nunmehr eingegangenen Berichten niedergelegte Material bietet einen werthvollen Beitrag zur Geschichte der inneren Entwickelung des Elementarschul- und Seminar-Wesens in den letzten Decennien und eröffnet einen lehrreichen Einblick in die angestrengte und erfolgreiche Arbeit der Schulverwaltung und des Lehrerstandes, sowie in einen Kampf um Principien, dessen Ursprung und Tragweite weit über das Gebiet der Schule und der Didactik hinausreicht.

Auf Grund der eingegangenen Berichte ist die beifolgende Denkschrift ausgearbeitet worden, hinsichtlich deren weiterer Verbreitung ich bemerke, daß sie demnächst in dem Centralblatt für die gesammte Unterrichtsverwaltung zum Abdruck gelangen wird.

Die Denkschrift ergiebt, daß und warum es mit der Aufgabe der religiösen Jugenderziehung durch die Elementarschule nicht vereinbar ist, den für die letztere vorgeschriebenen Lernstoff zu verkürzen; wie die Gesammtaufgabe der Schule durch Betreibung dieses Stoffs nicht behindert, vielmehr, dessen richtige und geistige Behandlung vorausgesetzt, erheblich gefördert wird; und wie die unter allen Umständen nachhaltig zu pflegende Gedächtnißkraft der Kinder hier zugleich einen würdigen, lebensvollen und dem geistigen Bedürfniß des Volkes entsprechenden Inhalt findet.

Aus der Denkschrift ist aber auch ersichtlich, nach welchen Seiten hin die Bestimmungen des Regulativs vom 3. October 1854

---

*) Abgedruckt im Centralblatt pro 1860 S. 545 Nr. 224.

mangelhaft und irrthümlich ausgeführt worden sind. Dem gegenüber kann ich im Allgemeinen nur auf meine Circular=Verfügung vom 19. November 1859 (24809) verweisen und mache wiederholt bemerklich, daß einer mechanischen und nur gedächtnißmäßigen Behandlung des biblischen Geschichtsunterrichts mit aller Entschiedenheit entgegenzutreten ist, und daß bei diesem Unterricht das Erzählen im Anschluß an das Bibelwort weder die alleinige Aufgabe bildet, noch genügt, sondern daß die biblischen Geschichten, vornehmlich in ihren die Entwickelung des Reiches Gottes und die Erbauung des persönlichen christlichen Lebens betreffenden großen Zügen und Einzelnheiten erklärt und zum Verständniß gebracht werden müssen. Die einzelnen Abschnitte der biblischen Geschichte sind in angemessene größere Pensa zu theilen, damit Ueberfüllung für kleinere Zeitabschnitte vermieden wird, und ist darauf zu halten, daß sich die verschiedenen Curse dahin ergänzen, daß die in dem einen Cursus wesentlich nur dem Verständniß nahe gebrachten Historien in dem folgenden genauer durchgearbeitet, und auch die dem Bibelwort sich anschließende Form der Erzählung Eigenthum der Kinder werden.

In derselben Weise ist aber der gesammte religiöse Memorirstoff in angemessene Pensa und auf die verschiedenen Abschnitte der Schulzeit so zu vertheilen, daß jede momentane Ueberlastung vermieden, und die ganze Aufgabe in richtiger, sich gegenseitig ergänzender und unterstützender Aufeinanderfolge der einzelnen Theile gelöst wird. Es ist daher überall auf Anfertigung und genaue Befolgung von Normallehrplänen zu halten, in welchen jeder Unterrichtsgegenstand zu seinem vollen Recht gelangt, und zu umfassende Berücksichtigung einer einzelnen Geisteskraft, auch des Gedächtnisses bei Einübung des religiösen Lernstoffs, ausgeschlossen wird. Die Local= und Kreis=Schul-Inspectoren werden wegen hierauf bezüglicher Ueberwachung und Leitung mit besonderer Anweisung zu versehen sein.

Vorzüglich aber empfehle ich der Königlichen Regierung, darauf Bedacht zu nehmen, daß bei den Wiederholungen des religiösen Memorirstoffs nicht mechanisch und gedankenlos, sondern in einer das Gedächtniß und das weitere Verständniß der Zusammengehörigkeit der einzelnen Theile und ihrer gegenseitigen Beziehungen gleichmäßig fördernden Weise verfahren wird, und verweise nach beiden Seiten hin auf die Ausführungen der beiliegenden Denkschrift.

Wie bereits durch die Circular=Verfügung vom 19. November 1859 gestattet ist, unter besonders ungünstigen Verhältnissen die normalmäßige Aufgabe des biblischen Geschichtsunterrichts ihrem Umfange nach zu beschränken, so versteht sich eine gleiche Befugniß der Königlichen Regierung für die Schulen, in welchen Zeit und Kraft zur Bewältigung der ganzen Aufgabe nach allen Seiten hin nicht ausreicht, auch hinsichtlich einer Beschränkung des religiösen Memorirstoffs von selbst. Ist eine solche Nothwendigkeit nachgewiesen, so

wird die Beschränkung hauptsächlich auf das Erlernen der sonn=
täglichen Evangelien um deswillen zu richten sein, weil eine
wenigstens annähernde Bekanntschaft mit diesen auch auf anderem
Wege erreicht wird. Ein Nachlaß im Erlernen des Katechismus
und der vorgeschriebenen 30 Kirchenlieder ist dagegen nicht
zu gestatten. —

Was den Präparanden = Unterricht betrifft, so bestimme
ich, nachdem jetzt zum erstenmal seit dem Erlaß der Regulative die
Erfahrungen über diesen Gegenstand haben zusammengestellt werden
können, unter Bezugnahme auf die Ausführungen in der Denkschrift,
daß bei der Aufnahme in das Seminar neben zwölf Psalmen
(und zwar: 1. 8. 19. 23. 32. 46. 51. 84. 90. 103. 121. 139)
nur derjenige religiöse Memorirstoff als präsent ge=
fordert werden soll, welcher für die einklassige Ele=
mentarschule in dem Regulativ vom 3. October 1854
vorgeschrieben ist. Es fallen hiernach weg 20 Kirchenlieder,
6 Psalmen und die messianischen Weissagungen, welche letztere in
dem biblischen Geschichtsunterricht ihre angemessene Berücksichtigung
finden sollen; außerdem, was bisher über die Zahl von 180 Bibel=
sprüchen verlangt worden ist.

Ist hiermit die bloße Gedächtnißthätigkeit der Präparanden in
Rücksicht auf das Bedürfniß des Lehrerberufs in die engsten über=
haupt zulässigen Gränzen gewiesen, so ist nun weiterhin mit allem
Nachdruck darauf zu halten, daß dieses eng begränzte Gebiet auch
in den an das eigentlich gedächtnißmäßige Können zu stellenden For=
derungen wirklich ausgefüllt wird, indem mangelhafte Leistungen nach
diesen Seiten hin als Mangel an Begabung, oder an geistiger und
sittlicher Energie angesehen werden.

Der auf diesem Gebiet liegende Stoff ist aber auch für die
Aufnahme in das Seminar als präsent nachzuweisen, und zwar in
der in der Denkschrift näher charakterisirten Weise, welche die dem
Wortinhalt nach verstandenen, dem Gedächtniß eingeprägten Lern=
stoffe durch den Verstand beherrschen läßt, sie in ihre gegenseitige
Ergänzung und Beziehung zu setzen vermag und jedes rein mecha=
nische Verfahren ausschließt.

Die durch Verkürzung des Memorirstoffs gewonnene Zeit und
Kraft ist nun in erhöhtem Maße nach anderen Seiten hin zu ver=
wenden. Zunächst dahin, daß Fertigkeiten, welche vorzugsweise durch
Uebung zu erlangen sind, also Schönschreiben, Zeichnen und theil=
weise Musik und Rechnen innerhalb der durch Uebung zu erreichen=
den Ziele von den Präparanden unnachsichtlich gefordert werden.
Was sodann die weitere religiöse Ausbildung der Präparanden be=
trifft, so muß, wenn überhaupt von geordnetem Präparandenunter=
richt die Rede sein kann, die Kraft und Zeit des Lehrers ausreichen,
um unter Benutzung zweckmäßiger Lehrmittel, wie Nissen Unter=

redungen über die biblische Geschichte, Kurtz Lehrbuch der heiligen Geschichte, der Hirschberger, Calwer, unter Umständen der Gerlachschen Bibelerklärung, die Zöglinge in das tiefere Verständniß der biblischen Geschichten, in ein übersichtliches, lebendiges Erfassen der Haupt= momente der Entwickelung des Reiches Gottes und in eine gemein= verständliche Erklärung der wichtigsten Psalmen, Lehrreden und Gleichnisse des Herrn einzuführen. Uebrigens sollen die obengenann= ten Lehrmittel nicht vorgeschrieben werden, sondern es bleibt ange= messene Bestimmung mit Rücksicht auf die Localverhältnisse dem Ermessen der Königlichen Regierung überlassen.

Für die deutsche Sprache und die Realien bietet, abgesehen von den nothwendigsten grammatischen Grundlagen, die methodisch rich= tige Verarbeitung des Inhalts guter Lesebücher nach der sprachlichen und sachlichen Seite hin, wobei Uebung im mündlichen und schrift= lichen Ausdruck in angemessenem Umfange eintritt, ausreichende Ge= legenheit, dem Bedürfniß der Seminarbildung zu genügen. Syste= matischer Unterricht in den Realien kann von der Präparandenbil= dung nicht verlangt werden; in der Naturkunde und Naturlehre aber muß neben dem Lesebuch die nöthige Anschauung vermittelt und verwerthet werden.

Wird nach diesen Andeutungen in der Präparandenbildung ge= arbeitet, so braucht die Nothwendigkeit formeller Bildung, wie sie der Lehrerberuf erfordert, rasches und sicheres Auffassen fremder Gedanken, richtiges und gewandtes Denken und klares, zutreffendes Wiedergeben der eigenen Gedanken nicht besonders betont und her= vorgehoben zu werden.

Nach den besonderen Verhältnissen jedes Bezirks muß es dem Ermessen der Königlichen Regierung überlassen bleiben, ob es an= geht, dazu geeignete Präparanden für ihren Eintritt in das Semi= nar nach der practischen Seite hin dadurch noch vollständiger vorzu= bilden, daß sie eine Zeit lang als Gehülfen im Schuldienst verwen= det werden, oder ob die Anschauung und Uebung genügen muß, welche sie in der Schule des Präparandenlehrers erhalten können.

Indirect und allmälig kann die Präparandenbildung vornehm= lich durch zweckmäßige Einrichtung und weitere Benutzung der Aspi= ranten=Prüfung für das Seminar gefördert werden. Wird die letz= tere nämlich so angelegt und abgehalten, daß die geistige Kraft und Durchbildung und die Anlage zum Lehrerberuf richtig erkannt und von bloß äußerlicher Routine, sowie von nur gedächtnißmäßiger Aneig= nung des nöthigen Materials unterschieden werden kann, und werden demnach die Aufnahmen bestimmt, so wird das Verständniß dessen, was Seitens des Seminars verlangt wird, sich rasch Bahn brechen und Lehrer und Schüler für ihre Arbeit orientiren. In dieser Be= ziehung empfehle ich die zweckmäßige Einrichtung und Abhaltung der Aspiranten=Prüfungen der besonderen Aufmerksamkeit der Königlichen

Regierung und wünsche, daß denselben, soweit es irgend die Ver=
hältnisse gestatten, stets ein Commissarius Derselben beiwohne. So=
dann aber werden die Beobachtungen und Erfahrungen über Ein=
richtung und Erfolg der Präparandenbildung, zu welchen die Prü=
fung Anlaß geboten hat, jedesmal zusammenzustellen und in geeig=
neter Weise den Präparandenlehrern zur Beachtung mitzutheilen sein.

Für die erfolgreiche und fortschreitende Thätigkeit der letzteren
muß es als besonders ersprießlich angesehen werden, wenn sie, auch
nur auf kurze Zeit, dem Unterricht in dem Seminar ihres Bezirks
beiwohnen und dadurch dessen Methode und Voraussetzungen aus
eigener Anschauung kennen lernen, auch mit den Lehrern des Semi=
nars in persönlichen Verkehr treten. Die Königliche Regierung
wolle dieserhalb, wo es noch nicht geschehen ist, das Nöthige an=
ordnen.

Aus den eingegangenen Berichten läßt sich ersehen, daß die in
dem Regulativ vom 2. October 1854 angedeutete äußere Organisation
der Präparandenbildung nicht überall zur wirklichen und fruchtbaren
Ausführung gekommen ist. Dieselbe ist aber für das Gedeihen der
Sache von nicht geringer Wichtigkeit. Als wesentliche Erfordernisse
in dieser Beziehung sind anzusehen:

1) daß Seitens der Königlichen Regierung nur vollständig qua=
lificirte und bewährte Lehrer als zur Präparandenbildung
befähigt bezeichnet und durch das Amtsblatt zur öffentlichen
Kenntniß gebracht werden.

2) daß jeder Präparand jährlich einmal von dem Kreis=Schul=
Inspector unter Zuziehung geeigneter technischer Hülfe in
sämmtlichen Gegenständen des Unterrichts gründlich geprüft
werde. Wenn hierzu das genannte Regulativ die abzuhalten=
den Schulvisitationen als passende Gelegenheit empfiehlt, so
dürfte die Erfahrung dargethan haben, daß diese Gelegenheit
zur gründlichen Erledigung des Geschäftes nicht genügt. Es
wird sich daher empfehlen, dahin Einrichtung zu treffen, daß
sämmtliche Präparanden des Bezirks zu der gedachten Prü=
fung an einem bestimmten Termine sich bei dem Kreis=Schul=
Inspector, wenn möglich mit ihren Lehrern, einfinden.

3) daß den Präparanden über jede Prüfung ein Zeugniß aus=
gestellt wird, welches sie bei der Meldung zur Aufnahme in
das Seminar vorzulegen haben.

4) daß Präparanden in der Regel nur nach nachgewiesener zwei=
jähriger Vorbereitung, und wenn sie in der Vorprüfung
mindestens die Censur „genügend" erhalten haben, zur Auf=
nahmeprüfung für das Seminar zugelassen werden.

5) daß solche, welche sich bei der ersten Prüfung als unbefähigt
oder ungeeignet für den Lehrerberuf erweisen, baldigst und

mit Nachdruck von der weiteren Verfolgung der Laufbahn ab=
gehalten werden.

Wo diesen Bestimmungen entsprechende Anordnungen noch nicht
getroffen sind, wolle die Königliche Regierung auf deren baldige
Herbeiführung, soweit es irgend die Verhältnisse gestatten, ernstlich
Bedacht nehmen. —

Soweit zur Förderung der Präparandenbildung neue Geldmittel
erforderlich sind, werde ich dieselben nach Verhältniß der beschränkten
mir zur Verfügung stehenden Fonds gern gewähren. Jedenfalls sind
aber schon jetzt, und bis umfassendere Organisationen haben getroffen
werden können, ausgezeichnete Präparandenlehrer auch bei Verthei=
lung der der Königlichen Regierung zur Disposition stehenden Mit=
tel vorzugsweise zu berücksichtigen.

Wo in den Berichten Specialien berührt worden sind, welche
der Natur der Sache nach hier ihre Erledigung nicht haben finden
können, wird dieserhalb besondere Bescheidung erfolgen.

Abschrift dieser Verfügung ist den Königlichen Provinzial=
Schul=Collegien mitgetheilt, und erhält die Königliche Regierung
gleichfalls Abschrift des diesen Behörden zugegangenen Erlasses.

An
sämmtliche Königliche Regierungen.

Das Königliche Provinzial=Schul=Collegium erhält beifolgend
Abschrift einer an die Königlichen Regierungen erlassenen Verfügung
nebst dazu gehöriger Denkschrift zur Kenntnißnahme.

Ich darf erwarten, daß die in dieser Verfügung, namentlich
hinsichtlich des Präparanden=Unterrichts getroffenen Anordnungen der
Arbeit und dem Fortschritt der Schullehrer=Seminarien zu Gute
kommen werden.

Je einstimmiger die abgegebenen Gutachten darin sind, daß die
in den Regulativen niedergelegten Principien der Lehrerbildung die
richtigen sind und sich bewährt haben, sowie daß die Seminarien
in ihrer jetzigen Einrichtung zur Befriedigung aller berechtigten, auf
sie angewiesenen Bedürfnisse im Stande sind, um so mehr empfehle
ich der Sorgfalt und Aufmerksamkeit des Königlichen Provinzial=
Schul=Collegiums den umsichtigen und allmäligen Ausbau des Be=
gonnenen.

Unter dieser Voraussetzung, und da die Seminarien in einem
nunmehr fünfjährigen Zeitraum durch strenges Innehalten der Re=
gulative überall zu festen Grundlagen ihres Unterrichtswesens und
zu bestimmten und bewußten Richtungen gelangt sind, erscheint es

wohl zulässig, bei dem erwähnten und nothwendigen weiteren Aus=
bau weitergehende Wünsche, die häufig in localen und provinciellen
Verhältnissen ihren Grund haben, jedoch mit Rücksicht auf diesen
Grund in facultativer Gestaltung zu berücksichtigen.

Ich ermächtige daher das Königliche Provinzial = Schul = Col=
legium, für jeden Fall, wo das Bedürfniß vorliegt, oder das Inter=
esse des gesammten Seminar = Unterrichts nicht gefährdet wird, zu
gestatten,

1) daß auch in dem obersten Cursus des Seminars Zeichenun=
terricht ertheilt wird,

2) daß in diesem Cursus der Unterricht im Rechnen und Raum=
lehre auf drei Stunden wöchentlich erhöht wird,

3) daß in diesem Cursus je eine Stunde zur Repetition der
Geographie und der Naturkunde angesetzt wird.

In den beiden unteren Cursen ist die eingeführte Stundenzahl
durch keine Erweiterung zu erhöhen, damit der freien Thätigkeit und
dem selbstständigen Arbeiten der Zöglinge der nöthige Raum ge=
lassen wird. —

Bei dieser Gelegenheit mache ich hinsichtlich des deutschen
Sprachunterrichts und der Privatlectüre der Seminaristen Folgendes
bemerklich.

Auf Seite 30 der Gesammtausgabe der Regulative ist gesagt:
„daß von der Privatlectüre der Seminaristen die sogenannte klassische
Litteratur ausgeschlossen sei." Indem diese Bestimmung, losgerissen
von ihrem Zusammenhang, herausgegriffen und bemängelt worden ist,
hat sie vielfach zu Mißverständniß und irrthümlicher Auffassung nach
Außen hin Veranlassung gegeben. Sie steht in unmittelbarem Zu=
sammenhang mit dem Satz des Regulativs „daß in die Privatlectüre
der Seminaristen gehöre, was nach Inhalt und Tendenz kirchliches
Leben, christliche Sitte, Patriotismus und sinnige Betrachtung der
Natur zu fördern, und nach seiner volksthümlich anschaulichen Dar=
stellung in Kopf und Herz des Volkes überzugehen geeignet ist."
Und auf Seite 31 ist gesagt: „Sowohl der Gebrauch des Wacker-
nagel'schen Lesebuchs, wie die Regelung der Privatlectüre bietet Ver=
anlassung und Gelegenheit, die Zöglinge ohne Betreibung der Litte=
raturgeschichte mit demjenigen bekannt zu machen, was ihnen aus
der Geschichte der Nationallitteratur und aus dem Leben und der
Zeit ihrer Repräsentanten zu wissen erforderlich ist."

Daß die Seminarien den richtigen Sinn dieser Bestimmungen
verstanden und aus ihrem Unterricht und der Privatlectüre der Zög=
linge auch seither das Edelste und Beste unserer Nationallitteratur
nicht ausgeschlossen, wohl aber dabei besonnene und durch die Ver=
hältnisse gebotene Auswahl getroffen haben, ergiebt schon thatsächlich

mein Circular=Erlaß vom 19. November 1859. Hier soll indessen, um jedes weitere Mißverständniß und jede mögliche Mißdeutung zu entfernen, bemerkt werden, daß nicht unsere Nationallitteratur, sondern nur dasjenige von dem Seminarunterricht und der Privatlectüre ihrer Zöglinge ausgeschlossen werden muß, was zu seinem Verständniß Kenntnisse und diejenige Bildung verlangt, welche durch die sogenannten klassischen Studien erworben werden und bei den Zöglingen der Seminarien nicht vorausgesetzt werden können. Wenn sonst Zeit und Verhältnisse es gestatten, kann z. B. in den Seminarien mit Rücksicht auf diesen Grundsatz wohl Schillers Wilhelm Tell und Göthe's Hermann und Dorothea, es können aber nicht die Götter Griechenlands, Tasso und Iphigenia der Privatlectüre der Seminaristen zugewiesen werden.

Die auf Seite 30 der Regulative angeführten Schriften, welche der Privatlectüre der Seminaristen dienen sollen, sind hier ausdrücklich nur als Beispiele genannt, und soll dadurch andere zweckmäßige, dem Bedürfniß entsprechende Lectüre nicht ausgeschlossen sein, in welcher Beziehung die Auswahl wohl mit Vertrauen den Directoren und Lehrern der Seminarien überlassen werden kann. —

Für die geordnete Weiterentwickelung der Seminarien ist es von großem Werthe, dieselben in bestimmten Zeiträumen nach allen Seiten ihres inneren und äußeren Lebens zu revidiren. Ich bestimme daher, daß solche Revisionen eines jeden evangelischen Seminars jedesmal innerhalb eines Zeitraums von zwei Jahren durch das Königliche Provinzial=Schul=Collegium vorzunehmen, und daß die dabei aufzunehmenden Verhandlungen, sowie der von dem Königlichen Provinzial=Schul=Collegium zu ertheilende Revisionsbescheid mir abschriftlich einzureichen sind. Ueber den für diese Revisionen anzusetzenden Turnus erwarte ich die Anzeige des Königlichen Provinzial=Schul=Collegiums.

Berlin, den 16. Februar 1861.

Der Minister der geistlichen ꝛc. Angelegenheiten.
v. Bethmann=Hollweg.

An
sämmtliche Königliche Provinzial=Schul=Collegien.
B. 165.

Druck von J. F. Starcke in Berlin.

www.ingramcontent.com/pod-product-compliance
Lightning Source LLC
Chambersburg PA
CBHW022031080426
42733CB00007B/796